공저 **최윤선 · 권운영 · 롱핑**

면세점 필수 중국어

초판발행	2013년 6월 20일
1판 7쇄	2020년 3월 5일
저자	최윤선, 권운영, 롱핑
책임 편집	최미진, 가석빈, 高霞, 박소영, 하다능
펴낸이	엄태상
디자인	이건화
콘텐츠 제작	김선웅, 전진우
마케팅	이승욱, 오원택, 전한나, 왕성석
온라인 마케팅	김마선, 김제이, 조인선
경영기획	마정인, 조성근, 최성훈, 정다운, 김다미, 전태준, 오희연
물류	유종선, 정종진, 윤덕현, 양희은, 신승진
펴낸곳	시사중국어사(시사북스)
주소	서울시 종로구 자하문로 300 시사빌딩
주문 및 교재 문의	1588-1582
팩스	(02)3671-0500
홈페이지	http://www.sisabooks.com
이메일	book_chinese@sisadream.com
등록일자	1988년 2월 13일
등록번호	제1-657호

ISBN 978-89-7364-699-9 13720

* 이 책의 내용을 사전 허가 없이 전재하거나 복제할 경우 법적인 제재를 받게 됨을 알려 드립니다.
* 잘못된 책은 구입하신 서점에서 교환해 드립니다.
* 정가는 표지에 표시되어 있습니다.

머리말

'부인과 남편은 루이비통, 페라가모 가방 한 꾸러미씩, 자녀들은 게임용품 한 아름씩 안고서…', 이것이 2003년 8월 필자가 목격한 홍콩의 거리 풍경입니다. 그런데 10년이 지난 요즘 서울의 고급 호텔과 백화점, 면세점 그리고 명동 거리의 모습은 당시의 퍼시픽 플레이스 등 홍콩의 명품 쇼핑가와 그랜드 하얏트 등 5성급 호텔, 남중국해 명품 '오션테마파크' 풍경을 떠올리기에 충분합니다.

중국 '遊客'은 이제 '관광객'의 개념을 넘어서서 한국 경제 문제의 해결사로 부상하고 있습니다. 중국 정부가 외환보유고가 넘치자 '5% 중국 최상류층'에게 여행과 쇼핑 등을 통해 달러 자금을 쓰게 하도록 혜택을 준 것입니다. 14억 인구의 5%라면 우리 나라 전체 인구를 넘는 데다가 그들의 1인당 소득은 약 1만~수십만 달러에 이릅니다. 이런 과정을 통해 현재 우리나라의 중화권 관광객 수와 액수는 일본인 관광객 통계를 앞지른 지 오래 되었습니다.

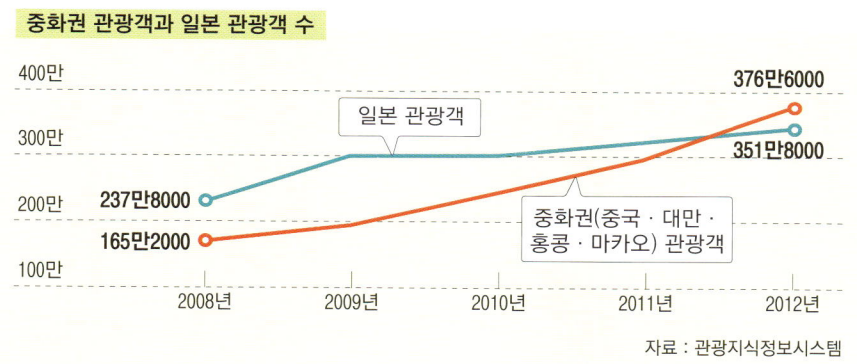

2012년 중화권 관광객은 376만 여 명이었습니다. 중국 관광객은 '쇼핑' 특히 '명품 쇼핑'을 목적으로 한국을 찾고 있습니다. 외국의 명품 브랜드와 한국의 브랜드 업계에서는 앞다투어 중국어 회화 가능자 혹은 능통자를 채용하고 있습니다. 게다가 중국 관광객은 자세한 제품 설명 후 만족하게 되면 다량의 추가 구매가 가능하다는 특징 때문에 업계에서도 보다 주목하고 있고 중화권 관광객 유치 사업은 '청년 실업', '장기 경기 침체', '미분양 주택 문제' 등 한국이 안고 있는 한국 경제의 난제를 해결하는 방법 중 하나로 제시되고 있습니다.

본 '면세점 필수 중국어'는 필자팀이 기획한 관광실무시리즈 중 처음으로 출판하는 책으로, 취업을 앞둔 중국어 가능자와 중국인을 상대로 하는 많은 브랜드 업체에서 실무 교육용으로 활용 가능하도록 살아있는 듯한 회화 위주로 교과 내용을 구성했습니다.

아무쪼록 이 '면세점 필수 중국어'를 통해 한국의 관광 업계에서 민간 외교관으로 국위선양을 부탁드립니다.

끝으로, 바쁘신 가운데에도 이 책을 위해 사진을 제공해 주신 롯데면세점, 신라면세점, 워커힐면세점 및 인터뷰에 응해 주신 여러 관계자 분들께 깊이 감사드립니다.

최윤선, 권운영, 롱핑

차례

머리말 **3**
이 책의 활용법 **6**

00 고객 응대 용어   8
학습목표: 고객이 면세점에 들어와서 물건을 사고 나갈 때까지 필요한 가장 기본적인 중국어 표현을 익힐 수 있다.
학습내용: 1. 면세점 관련 상식
            2. 면세점에서 고객 응대에 필요한 기본 표현
            3. 숫자와 가격 표현

01 면세점 이용 안내 (공항 면세점)   18
학습목표: 공항면 세점에서 주로 사용하는 중국어를 익히고 활용할 수 있다.
학습내용: 1. 공항 면세점 관련 단어
            2. 공항 면세점 이용 시 유의사항에 관한 중국어 표현

02 면세점 이용 안내 (시내 면세점)   30
학습목표: 시내 면세점에서 주로 사용하는 중국어를 익히고 활용할 수 있다.
학습내용: 1. 시내 면세점 관련 단어
            2. 시내 면세점에서 물건 구매 시 유의사항에 관한 중국어 표현
※ 인터뷰: [1] 부루벨코리아 관계자

03 가격   44
학습목표: 면세점에서 주로 사용하는 가격 및 계산에 관련된 중국어를 익히고 활용할 수 있다.
학습내용: 1. 가격 묻고 답하기
            2. 중국어로 계산 및 결제하는 방법

04 화장품(1)   56
학습목표: 화장품의 종류에 관련된 중국어를 익히고 활용할 수 있다.
학습내용: 1. 화장품 종류
            2. 화장품 구매에 관한 중국어 표현(1)

05 화장품(2)   68
학습목표: 화장품 기능에 관련된 중국어를 익히고 활용할 수 있다.
학습내용: 1.화장품 기능 관련 단어
            2.화장품 구매에 관한 중국어 표현(2)
※ 인터뷰: [2] 아모레퍼시픽 관계자

06 향수   82
학습목표: 향수 구매와 관련된 중국어를 익히고 활용할 수 있다.
학습내용: 1. 색상 관련 단어
             2. 향수 구매에 관한 중국어 표현

07 가방   94
학습목표: 가방류 구매와 관련된 중국어를 익히고 활용할 수 있다.
학습내용: 1. 가방 종류
             2. 가방 구매에 관한 중국어 표현

※ 인터뷰: [3] 구찌 관계자

08 의류   108
학습목표: 의류 구매와 관련된 중국어를 익히고 활용할 수 있다.
학습내용: 1. 의류 종류
             2. 의류 구매에 관한 중국어 표현

09 담배와 주류   120
학습목표: 담배와 술에 관련된 중국어를 익히고 활용할 수 있다.
학습내용: 1. 담배와 술 종류
             2. 담배와 술의 특징에 관한 중국어 표현

10 식품류   132
학습목표: 홍삼류 등의 식품류 판매에 관련된 중국어를 익히고 활용할 수 있다.
학습내용: 1. 홍삼 등 건강 보조 식품 종류
             2. 김 등의 주요 식품 종류
             3. 상품별 특징에 관한 중국어 표현

취업 선배의 한마디 **144**
연습문제 듣기 원문 및 정답 **145**
브랜드명 **155**
과별 색인 **157**
병음 색인 **163**

이 책의 활용법

학습목표
각 과에서 배우게 될 주요 내용이 무엇인지를 알 수 있도록 시작 부분에 제시해 놓았다.

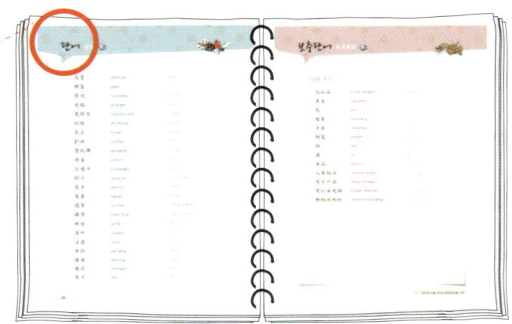

단어
회화 부분에 나오는 단어 중 新HSK 3급 이상 수준의 단어 10~20개 내외로 구성하였다.

보충단어
각 과에서 배울 내용과 관련된 필수 어휘들로 구성하였다. 기본문장이나 회화에 나오는 문장에 단어를 바꿔가며 연습하면 좀 더 폭넓은 중국어 표현을 할 수 있다.

기본문장
매 과마다 현장에서 가장 필요한 주요 10문장으로 구성하였고, 회화, 연습문제 부분에 재차 복습하면서 우리말 뜻과 중국어 문장을 완벽하게 말하고 쓸 수 있도록 하였다.

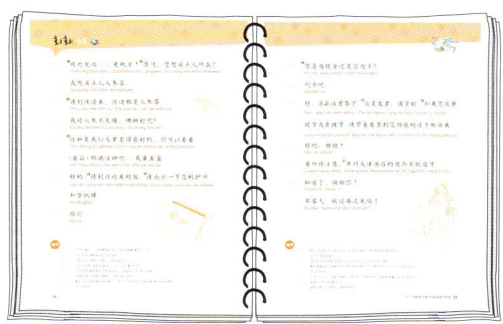

회화

기본문장을 복습하며 어떤 상황에서 어떻게 활용하는지 쉽게 이해할 수 있도록 기본문장을 순서대로 넣고, 친절하게 표시도 하였다. 한국어 뜻도 함께 있어서 이해가 안 되는 문장은 바로 확인할 수 있도록 구성하였다.

연습문제

듣기, 읽기, 쓰기, 말하기 네 가지 영역을 모두 연습할 수 있도록 구성하였다. 듣기와 읽기 문제는 新HSK 시험 문제 유형으로 출제하여 배운 내용을 복습할 수 있을 뿐만 아니라 新HSK 시험 대비에도 도움이 되도록 하였다. 쓰기는 단어 쓰기와 본문 쓰기로 나눠서 구성하였으며, 말하기는 회화의 내용을 상황에 맞게 재연할 수 있도록 하고, 필요한 단어는 참고 단어로 제시하였다.

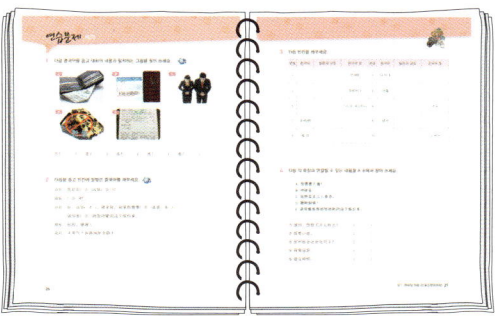

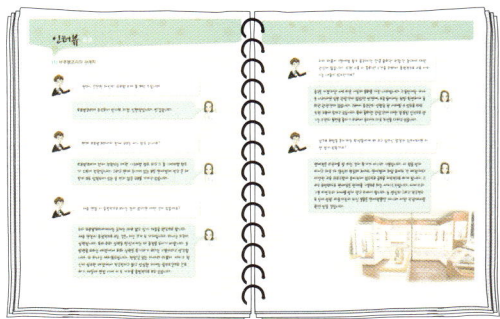

인터뷰

면세점에 취업하고자 하는 분들에게 도움이 되고자 면세점에 입점하고 있는 주요 브랜드 관계자의 인터뷰를 넣었다. 또한, 면세점에 이미 취업한 현직 선배들의 응원의 글을 넣어서 면세점 취업 준비에 큰 힘이 될 수 있도록 하였다.

포켓북

기본문장과 회화의 내용을 손쉽게 가지고 다니거나 현장에서 바로 대처하는데 활용할 수 있도록 주머니에 쏙 들어가는 크기로 만들었다. 중요 문장이나 자주 쓰는 문장은 표시해 두었다가 갑자기 생각이 나지 않을 때 찾아보면 도움이 될 것이다.

※ L면세점 내 매장

00
고객 응대 용어

학습목표 고객이 면세점에 들어와서 물건을 사고 나갈 때까지 필요한 가장 기본적인 중국어 표현을 익힐 수 있다.

학습내용
1. 면세점 관련 상식
2. 면세점에서 고객 응대에 필요한 기본 표현
3. 숫자와 가격 표현

면세점 소개

1. 면세점이란?

면세점은 여행자의 편의를 도모하기 위하여 공항 등에 설치한 비과세 상점으로 상품에 부과되는 세금이 면제되므로 일반 백화점 등 보다 상품값이 싸다.

면세점은 일반적으로 내국인과 외국인 모두 출국자에 한해 여권번호와 영문명 그리고 비행기 티켓 혹은 예매내역을 통해서만 이용할 수 있다. 면세점은 크게 시내 면세점과 공항 면세점으로 나누고, 요즘은 시내 면세점을 직접 방문하기 보다는 인터넷 면세점을 활용하는 고객이 늘고 있다. 현재 우리나라 공항에는 롯데면세점, 신라면세점, 관광공사 등이 입점해 있다.

2. 상품

면세점 입점 상품은 매우 다양해서 해외 명품 브랜드부터 국내 제품까지 국내외 유명 브랜드는 모두 존재한다고 보면 된다. 해외 브랜드는 각 브랜드마다 차이는 있지만 일반 매장에서 구입하는 것보다 10~30% 정도 저렴하다. 해외 브랜드는 대체로 출국하는 내국인 고객이 많고, 국내 제품은 한국을 방문 후 출국하는 외국인 고객이 더 많다.

3. 면세점 취업 및 근무

스토어직원은 브랜드별 직영사원과 파견사원으로 구분된다. 명품 브랜드 (루이비통, 구찌, 샤넬 등등) 업체는 자체적으로 직원을 구하는 경우도 많은 편이고, 대체적으로 직원 모집은 수시 모집한다.

면세점 취업에 있어서는 외국어 구사 능력이 기본이다. 예전에는 일본어, 영어 회화 능력이 대세였지만, 요즘은 중국어 회화 가능자가 우대받는 추세이다.

면세점마다 약간의 차이는 있지만 공항 근무 시간은 조근(07:00~16:00), 평근(09:00~18:00), 야근(12:00~21:00) 의 3 교대이며, 시내 면세점은 A 조 (09:30 ~ 18:30), B 조 (11:10 ~ 20:10) 의 2 교대이다.

여러 브랜드 업체는 연말에 파티를 열어 직원을 격려하기도 하는데, 특히 해외 명품 브랜드에서는 다 같이 드레스를 입고 화려한 파티를 하는 등 다채로운 행사를 준비하기도 한다.

4. 면세점 이용 안내

공항 외 면세점 이용 시에는 여권번호, 영문명, 항공편명(비행기편명)이 꼭 필요하므로 이 점에 유의해야 한다.

상품을 시내 면세점에서 구매했을 경우, 출국 전에 미리 구입하여 출국하는 날 공항 내 면세품 물품 인도장에서 여권과 교환권을 제시 후 받을 수 있다. 공항 내 면세점은 출국날 비행기 탑승 전에 이용 가능하며, 본인의 여권, 탑승권을 제시해야 구입 가능하다. 이때 각 나라마다 구매 한도 등 관세법 등이 다르므로 물품 구입 시 유의사항을 자세히 숙지 후 구입하여야 여행 후 귀국 시에 불편을 겪는 일을 예방할 수 있다.

 ## 국내 주요 면세점과 중문명

1 갤러리아면세점 : 格乐丽雅免税店 Gélèlìyǎ Miǎnshuìdiàn (www.galleria-dfs.com)

2 대한항공면세점 : 大韩航空免税店 Dàhán Hángkōng Miǎnshuìdiàn (www.cyberskyshop.com)

3 동화면세점 : 东和免税店 Dōnghé Miǎnshuìdiàn (www.dutyfree24.com)

4 롯데면세점 : 乐天免税店 Lètiān Miǎnshuìdiàn (www.lottedfs.com)

5 신세계면세점 : 新世界免税店 Xīnshìjiè Miǎnshuìdiàn (www.ssgdfs.com)

6 워커힐면세점 : 华克山庄免税店 Huákè Shānzhuāng Miǎnshuìdiàn (www.skdutyfree.com)

7 HDC 신라면세점 : HDC 新罗免税店 HDC Xīnluó Miǎnshuìdiàn (www.shilladfs.com)

8 JDC 제주면세점 : JDC 免税店 JDC Miǎnshuìdiàn (www.jdcdutyfree.com)

9 SM 면세점 : SM 免税店 SM Miǎnshuìdiàn (www.smdutyfree.com)

00 고객 응대 용어

고객 응대 용어

1 欢迎光临_____免税店！
Huānyíng guānglín ____ miǎnshuìdiàn!

> 어서 오세요. ____면세점입니다!

2 请问，有什么可以帮您的吗?
Qǐngwèn, yǒu shénme kěyǐ bāng nín de ma?

> 무엇을 도와드릴까요?

3 您想买点儿什么?
Nín xiǎng mǎi diǎnr shénme?

> 어떤 상품을 찾으십니까?

4 请随便看看！/ 请慢慢儿看！
Qǐng suíbiàn kànkan! / Qǐng mànmānr kàn!

> 천천히 살펴 보세요!

5 请问，有看中的吗?
Qǐngwèn, yǒu kànzhòng de ma?

> 마음에 드시는 상품이 있으십니까?

6 您自己用还是送人?
Nín zìjǐ yòng háishi sòng rén?

본인이 쓰실 겁니까, 아니면 선물하실 겁니까?

7 这是打折商品，打 ____ 折。
Zhè shì dǎzhé shāngpǐn, dǎ ____ zhé.

이건 세일 상품으로, ___% 할인 됩니다.

8 转机的话，不能购买液体类物品。
Zhuǎnjī de huà, bù néng gòumǎi yètǐlèi wùpǐn.

환승하시면 액체류 물품은 구입하실 수 없습니다.

9 拉链密封袋内，可以装 100 毫升以下的商品，但不能超过 1 升。
Lāliàn mìfēngdài nèi, kěyǐ zhuāng yìbǎi háoshēng yǐxià de shāngpǐn, dàn bùnéng chāoguò yìshēng.

100ml 이하의 상품은 투명 지퍼락(Zipper Lock) 봉투 안에 보관하실 수 있으나, 1L를 초과해서는 안 됩니다.

10 您需要几份?
Nín xūyào jǐ fèn?

몇 개 필요하십니까?

11 请到这边来结账，请出示一下您的护照和登机牌。
Qǐng dào zhè biān lái jiézhàng, qǐng chūshì yíxià nín de hùzhào hé dēngjīpái.

이쪽에서 계산해 드리겠습니다. 여권과 탑승권을 제시해 주세요.

12 您付美元还是韩币？
Nín fù měiyuán háishi hánbì?

달러로 계산하시겠습니까, 아니면 한화로 계산하시겠습니까?

13 您是用现金还是信用卡？
Nín shì yòng xiànjīn háishi xìnyòngkǎ?

현금으로 계산하시겠습니까, 아니면 신용카드로 계산하시겠습니까?

14 请输入密码。
Qǐng shūrù mìmǎ.

비밀 번호를 입력해 주세요.

15 请在这里签字。
Qǐng zài zhèli qiānzì.

여기에 서명해 주세요.

16 请拿好发票和取货单。
Qǐng ná hǎo fāpiào hé qǔhuòdān.

영수증과 상품 교환권을 받으세요.

17 如果您需要退货或者换货，请带着发票到您结账的这个柜台来。
Rúguǒ nín xūyào tuìhuò huòzhě huànhuò, qǐng dài zhe fāpiào dào nín jiézhàng de zhège guìtái lái.

혹시 환불이나 교환을 하시려면, 영수증을 가지고 계산하신 이곳으로 오시면 됩니다.

18 另外请注意，开封或使用后的商品不能退货。
Lìngwài qǐng zhùyì, kāifēng huò shǐyòng hòu de shāngpǐn bù néng tuìhuò.

또 한 가지 꼭 기억해 주세요. 개봉 후나 사용 후에는 상품을 환불하실 수 없습니다.

19 请走好。/ 请慢走。
Qǐng zǒu hǎo. / Qǐng màn zǒu.

조심히 가세요.

20 欢迎再次光临！
Huānyíng zàicì guānglín!

다음에 또 찾아 주세요!

숫자 및 가격 표현

1 숫자 읽기

一 yī 1	二 / 两 èr/ liǎng 2	三 sān 3	四 sì 4	五 wǔ 5
六 liù 6	七 qī 7	八 bā 8	九 jiǔ 9	十 shí 10

百 bǎi 100	千 qiān 1,000	万 wàn 10,000

十万 shíwàn 100,000	一百万 yìbǎiwàn 1,000,000	一千万 yìqiānwàn 10,000,000	一亿 yíyì 100,000,000

2 가격 말하기

① 한화 읽기 (KRW)

₩ 35,000: 三万五千元韩币 sānwàn wǔqiān yuán hánbì

② 달러 읽기 (USD)

$ 35: 三十五美元 sānshíwǔ měiyuán

③ 인민폐 읽기 (CNY)

문어체	元 yuán	角 jiǎo	分 fēn
구어체	块（钱）kuài (qián)	毛（钱）máo (qián)	

¥ 886.60: 八百八十六元六角　bābǎi bāshíliù yuán liù jiǎo（문어체）
　　　　　　八百八十六块六毛钱 bābǎi bāshíliù kuài liù máo qián（구어체）

3 숫자 말할 때 유의사항

① '0' 은 중간의 '0' 은 하나만 읽고, 뒤쪽에 있는 '0' 는 안 읽어도 된다.

　　Ex　15,004: 一万五千零四 yíwàn wǔqiān líng sì
　　　　15,000: 一万五 yíwàn wǔ

② 십단위에서는 十 [shí] 로, 백단위부터는 100 은 一百 [yìbǎi], 1000 은 一千 [yìqiān] 등으로 앞에 '一 [yī]' 을 붙인다. 단, 숫자 중간에 있는 십단위는 '一十 [yìshí]' 로 읽는다.

　　Ex　10: 十 shí
　　　　10,011: 一万零一十一 yíwàn líng yìshíyī

③ '2' 는 일단위, 십단위, 십만 단위에서는 '二 [èr]' 로 읽고, 다른 것은 '二 [èr]' 과 '两 [liǎng]' 으로 읽어도 모두 가능하다.

　　Ex　2: 二 èr
　　　　25: 二十五 èrshíwǔ
　　　　2,874: 两千八百七十四 liǎngqiān bābǎi qīshísì
　　　　25,681: 两万五千六百八十一 liǎngwàn wǔqiān liùbǎi bāshíyī
　　　　222,222: 二十二万两千两百二十二 èrshí'èrwàn liǎngqiān liǎngbǎi èrshíèr

A: 今天的汇率是多少？
Jīntiān de huìlǜ shì duōshǎo?
오늘 환율이 얼마예요?

B: 今天美元兑人民币的汇率是 6.20，1 美元可兑换 6.20 人民币。
Jīntiān měiyuán duì rénmínbì de huìlǜ shì liù diǎn èr, yī měiyuán kě duìhuàn liù kuài liǎng máo rénmínbì.
오늘의 달러 환율은 6.20 으로, 1 달러는 6.20 인민폐입니다.

A: 100 美元相当于多少韩币？
Yìbǎi měiyuán xiāngdāngyú duōshǎo hánbì?
100 달러는 한화로 얼마예요?

B: 今天美元兑韩币的汇率是 1100，100 美元相当于 110,000 韩币。
Jīntiān měiyuán duì hánbì de huìlǜ shì yìqiān yī, yìbǎi měiyuán xiāngdāngyú shíyīwàn hánbì.
오늘의 달러 환율은 한화 1,100 원으로, 100 달러는 한화 11 만원입니다

※ 汇率 huìlǜ　환율

※L면세점 내 매장

01
면세점 이용 안내

(공항 면세점)

학습목표 공항 면세점에서 주로 사용하는 중국어를 익히고 활용할 수 있다.

학습내용
1. 공항 면세점 관련 단어
2. 공항 면세점 이용 시 유의사항에 관한 중국어 표현

단어 生词

店员	diànyuán	점원
顾客	gùkè	고객
欢迎	huānyíng	환영하다
光临	guānglín	왕림하다
免税店	miǎnshuìdiàn	면세점
结账	jié//zhàng	결제하다
出示	chūshì	제시하다
护照	hùzhào	여권
登机牌	dēngjīpái	탑승권
现金	xiànjīn	현금
信用卡	xìnyòngkǎ	신용카드
刷卡	shuā//kǎ	카드로 결제하다
签字	qiān//zì	서명하다
发票	fāpiào	영수증
退货	tuì//huò	(상품을) 환불하다
换货	huàn//huò	(상품을) 교환하다
柜台	guìtái	계산대
另外	lìngwài	그 밖의
注意	zhù//yì	주의하다
开封	kāi//fēng	개봉하다
使用	shǐyòng	사용하다
商品	shāngpǐn	상품
再次	zàicì	재차, 다시

보충단어 补充单词

[제품 종류]

- 化妆品　　huàzhuāngpǐn　　화장품
- 香水　　xiāngshuǐ　　향수
- 包　　bāo　　가방
- 服装　　fúzhuāng　　의류
- 手表　　shǒubiǎo　　손목시계
- 钢笔　　gāngbǐ　　펜, 만년필
- 烟　　yān　　담배
- 酒　　jiǔ　　술
- 食品　　shípǐn　　식품
- 人参制品　　rénshēn zhìpǐn　　인삼 제품
- 电子产品　　diànzǐ chǎnpǐn　　전자 제품
- 笔记本电脑　　bǐjìběn diànnǎo　　노트북 컴퓨터
- 数码照相机　　shùmǎ zhàoxiàngjī　　디지털 카메라

기본문장 基本句型 04

❶ 欢迎光临△△免税店！
Huānyíng guānglín △△ miǎnshuìdiàn!
어서 오세요, △△면세점입니다!

❷ 请问，您想买点儿什么？
Qǐngwèn, nín xiǎng mǎi diǎnr shénme?
어떤 상품을 찾으십니까?

❸ 请到这边来，这边都是人参茶。
Qǐng dào zhè biān lái, zhè biān dōu shì rénshēnchá.
이쪽으로 오세요, 이쪽이 인삼차입니다.

❹ 这种是我们店里卖得最好的。
Zhè zhǒng shì wǒmen diàn li mài de zuìhǎo de.
이건 저희 매장에서 가장 잘 팔리는 상품입니다.

❺ 请到这边来结账。
Qǐng dào zhè biān lái jiézhàng.
이쪽에서 계산해 드리겠습니다.

❻ 请出示一下您的护照和登机牌.
Qǐng chūshì yíxià nín de hùzhào hé dēngjīpái.
여권과 탑승권을 제시해 주세요.

❼ 您是用现金还是信用卡?
Nín shì yòng xiànjīn háishi xìnyòngkǎ?
현금으로 계산하시겠습니까, 아니면 신용카드로 계산하시겠습니까?

❽ 这是发票，请拿好。
Zhè shì fāpiào, qǐng ná hǎo.
여기 영수증이 있습니다. 받으세요.

❾ 如果您需要退货或者换货，请带着发票到您结账的这个柜台来。
Rúguǒ nín xūyào tuìhuò huòzhě huànhuò, qǐng dài zhe fāpiào dào nín jiézhàng de zhège guìtái lái.
혹시 환불이나 교환을 하시려면, 영수증을 가지고 계산하신 이곳으로 오시면 됩니다.

❿ 开封或使用后的商品不能退货。
Kāifēng huò shǐyòng hòu de shāngpǐn bù néng tuìhuò.
개봉 후나 사용 후에는 상품을 환불하실 수 없습니다.

회화 会话

店员 ① 欢迎光临 △△免税店！② 请问，您想买点儿什么？
Huānyíng guānglín △△miǎnshuìdiàn! Qǐngwèn, nín xiǎng mǎi diǎnr shénme?

顾客 我想买点儿人参茶。
Wǒ xiǎng mǎi diǎnr rénshēnchá.

店员 ③ 请到这边来，这边都是人参茶。
Qǐng dào zhè biān lái, zhè biān dōu shì rénshēnchá.

顾客 我对人参不太懂，哪种好呢？
Wǒ duì rénshēn bú tài dǒng, nǎ zhǒng hǎo ne?

店员 ④ 这种是我们店里卖得最好的，你可以看看。
Zhè zhǒng shì wǒmen diàn li mài de zuìhǎo de, nǐ kěyǐ kànkan.

顾客 （看后）那就这种吧。我要五盒。
(kàn hòu) Nà jiù zhè zhǒng ba. Wǒ yào wǔ hé.

店员 好的。⑤ 请到这边来结账。⑥ 请出示一下您的护照
Hǎo de. Qǐng dào zhè biān lái jiézhàng. Qǐng chūshì yíxià nín de hùzhào

和登机牌。
hé dēngjīpái.

顾客 给你。
Gěi nǐ.

해석

점 원	어서 오세요, △△면세점입니다! 어떤 상품을 찾으십니까?
고 객	저는 인삼차를 좀 사고 싶은데요.
점 원	이쪽으로 오세요, 이쪽이 인삼차입니다.
고 객	저는 인삼에 대해 잘 몰라요, 어느 것이 좋은까요?
점 원	이건 저희 매장에서 가장 잘 팔리는 상품입니다, 한번 보세요.
고 객	(살펴본 후) 이거로 할게요. 다섯 상자 주세요.
점 원	좋습니다. 이쪽에서 계산해 드리겠습니다. 여권과 탑승권을 제시해 주세요.
고 객	여기 있어요.

店员　❼您是用现金还是信用卡？
　　　Nín shì yòng xiànjīn háishi xìnyòngkǎ?

顾客　刷卡吧。
　　　Shuākǎ ba.

店员　好，请在这里签字。❽这是发票，请拿好。❾如果您需要
　　　Hǎo, qǐng zài zhèli qiānzì. Zhè shì fāpiào, qǐng ná hǎo. Rúguǒ nín xūyào

　　　退货或者换货，请带着发票到您结账的这个柜台来。
　　　tuìhuò huòzhě huànhuò, qǐng dài zhe fāpiào dào nín jiézhàng de zhège guìtái lái.

顾客　好的，谢谢！
　　　Hǎo de, xièxie!

店员　另外请注意，❿开封或使用后的商品不能退货。
　　　Lìngwài qǐng zhùyì, kāifēng huò shǐyòng hòu de shāngpǐn bù néng tuìhuò.

顾客　知道了，谢谢你！
　　　Zhīdao le, xièxie nǐ!

店员　不客气。欢迎再次光临！
　　　Bú kèqi. Huānyíng zàicì guānglín!

해석

점원	현금으로 계산하시겠습니까, 아니면 신용카드로 계산하시겠습니까?
고객	카드로 결제할게요.
점원	네, 여기에 서명해 주세요. 여기 영수증이 있습니다. 받으세요.
	혹시 환불이나 교환을 하시려면, 영수증을 가지고 계산하신 이곳으로 오시면 됩니다.
고객	네, 감사합니다!
점원	또 한 가지 꼭 기억해 주세요. 개봉 후나 사용 후에는 상품을 환불하실 수 없습니다.
고객	알겠습니다, 감사합니다.
점원	별말씀을요. 다음에 또 찾아 주세요!

연습문제 练习

1 다음 중국어를 듣고 대화의 내용과 일치하는 사진을 찾아 쓰세요.

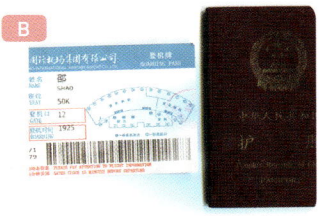

① (   )   ② (   )   ③ (   )   ④ (   )   ⑤ (   )

2 다음을 듣고 빈칸에 알맞은 중국어를 채우세요.

店员　您是用(①)还是(②)?

顾客　(③)吧。

店员　好，这是(④)，请拿好。如果您需要(⑤)或者(⑥)，

　　　请带着(⑦)到您结账的这个柜台来。

顾客　好的，谢谢!

店员　不客气!欢迎再次光临!

3 다음 빈칸을 채우세요.

번호	중국어	발음과 성조	한국어 뜻	번호	중국어	발음과 성조	한국어 뜻
1			면세점	2	信用卡		
3			환영하다	4	结账		
5			카드로 계산하다	6			여권
7	登机牌			8	退货		
9	换货			10			그 밖의

4 다음 각 문장과 연결될 수 있는 내용을 A~E에서 찾아 쓰세요.

> A. 您需要几盒?
> B. 用现金。
> C. 我想买点儿人参茶。
> D. 哪种好呢?
> E. 请带着发票到您结账的这个柜台来。

① 请问，您想买点儿什么?　　　(　　)

② 我要十盒。　　　(　　)

③ 您用现金还是信用卡?　　　(　　)

④ 我要退货。　　　(　　)

⑤ 就这种吧。　　　(　　)

연습문제 练习

5 다음 한국어 문장을 중국어로 번역해서 쓰세요.

① 어서 오세요, △△면세점입니다.

→ _____

② 어떤 상품을 찾으십니까?

→ _____

③ 이쪽으로 오세요, 이쪽이 인삼차입니다.

→ _____

④ 이건 저희 상점에서 가장 잘 팔리는 상품입니다.

→ _____

⑤ 이쪽에서 계산해 드리겠습니다.

→ _____

⑥ 여권과 탑승권을 제시해 주세요.

→ _____

⑦ 현금으로 계산하시겠습니까, 아니면 신용카드로 계산하시겠습니까?

→ _____

⑧ 여기 영수증이 있습니다. 받으세요.

→ _____

⑨ 혹시 환불이나 교환을 하시려면, 영수증을 가지고 계산하신 이곳으로 오시면 됩니다.

→ _____

⑩ 개봉 후나 사용 후에는 환불하실 수 없습니다.

→ _____

6 상황별 말하기 연습

공항 면세점 상품 구입 후, 교환과 환불에 대한 주의사항을 중국어로 설명해 주세요.

→

참고단어

退货 tuì//huò (상품을) 환불하다
换货 huàn//huò (상품을) 교환하다
发票 fāpiào 영수증
结账 jié//zhàng 결제하다
柜台 guìtái 계산대

另外 lìngwài 그 밖의
注意 zhù//yì 주의하다
开封 kāi//fēng 개봉하다
使用 shǐyòng 사용하다
商品 shāngpǐn 상품

※W면세점 내 매장

02
면세점 이용 안내

(시내 면세점)

학습목표 시내 면세점에서 주로 사용하는 중국어를 익히고 활용할 수 있다.

학습내용
1. 시내 면세점 관련 단어
2. 시내 면세점에서 물건 구매 시 유의사항에 관한 중국어 표현

단어 生词

销售员	xiāoshòuyuán	판매원
（售货员	shòuhuòyuán	판매원）
专柜销售员	zhuānguì xiāoshòuyuán	담당판매원
久等	jiǔ děng	오래 기다리다
看中	kànzhòng	(보고) 마음에 들다
新商品	xīn shāngpǐn	신상품
打折	dǎ//zhé	할인하다
取货单	qǔhuòdān	구매 상품 교환권
购买	gòumǎi	구매하다
领取处	lǐngqǔchù	물품 인도장
离境	líjìng	출국하다
领取	lǐngqǔ	수령하다
海关法	hǎiguānfǎ	세관법
规定	guīdìng	규정
购物	gòu//wù	물품을 구매하다
特产	tèchǎn	특산품
当时	dāngshí	그때, 당시
谅解	liàngjiě	양해하다, 이해하다

보충단어 补充单词

[양사]

- 盒   hé   갑, 곽 (뚜껑이 있는 상자를 세는 양사)
- 瓶   píng   병 (병을 세는 양사)
- 件   jiàn   건, 개 (일, 선물, 상의 등 옷을 세는 양사)
- 支   zhī   자루 (자루를 세는 양사)
- 套   tào   세트, 벌 (세트를 세는 양사)
- 包   bāo   봉투 (봉투 혹은 봉투 포장된 물건을 세는 양사)
- 对   duì   쌍 (남녀 혹은 한 쌍으로 되어 있는 물건을 세는 양사)
- 副   fù   쌍, 개 (신체 착용 양사)
- 双   shuāng   쌍 (왼쪽, 오른쪽 한 쌍으로 되어 있는 물건을 세는 양사)
- 台   tái   대 (전자 제품을 세는 양사)
- 条   tiáo   벌, 보루 (바지나 치마 등 하의, 담배 보루를 세는 양사)
- 份   fèn   벌, 세트 (배합하여 한 벌이 되는 것을 세는 양사)

기본문장 基本句型

❶ 请问，有什么可以帮您的吗？
Qǐngwèn, yǒu shénme kěyǐ bāng nín de ma?
무엇을 도와드릴까요?

❷ 我去找专柜销售员过来。
Wǒ qù zhǎo zhuānguì xiāoshòuyuán guòlái.
제가 담당판매원을 불러오겠습니다.

❸ 对不起，让您久等了。
Duìbuqǐ, ràng nín jiǔ děng le.
오래 기다리시게 해서 죄송합니다.

❹ 请问，有看中的吗？
Qǐngwèn, yǒu kànzhòng de ma?
마음에 드시는 상품이 있으십니까?

❺ 这边是打折商品，新商品在那边。
Zhè biān shì dǎzhé shāngpǐn, xīn shāngpǐn zài nà biān.
이곳은 세일 상품이고, 신상품은 저쪽에 있습니다.

❻ 请拿好发票和取货单，您离境时在机场的商品领取处领取就可以了。

Qǐng ná hǎo fāpiào hé qǔhuòdān, nín líjìng shí zài jīchǎng de shāngpǐn lǐngqǔchù lǐngqǔ jiù kěyǐ le.

영수증과 상품 교환권을 받으세요. 출국 시 공항 물품 인도장에서 상품을 찾으시면 됩니다.

❼ 我们会把您购买的商品送到机场的商品领取处。

Wǒmen huì bǎ nín gòumǎi de shāngpǐn sòng dào jīchǎng de shāngpǐn lǐngqǔchù.

구입하신 상품은 공항 물품 인도장으로 운송해 드립니다.

❽ 为什么我现在不能拿走？

Wèi shénme wǒ xiànzài bù néng ná zǒu?

왜 지금 물건을 가져가지 못하죠?

❾ 这是韩国海关法的规定，请您谅解。

Zhè shì Hánguó Hǎiguānfǎ de guīdìng, qǐng nín liàngjiě.

한국의 세관법 규정이니, 양해 바랍니다.

❿ 外国人在市内免税店购物的话，只有韩国特产可以当时领取。

Wàiguórén zài shìnèi miǎnshuìdiàn gòuwù de huà, zhǐyǒu Hánguó tèchǎn kěyǐ dāngshí lǐngqǔ.

외국인이 시내 면세점에서 물건을 구입하시면, 오직 한국 특산품만 바로 가져가실 수 있습니다.

회화 会话

店员1 欢迎光临！❶请问，有什么可以帮您的吗？
Huānyíng guānglín! Qǐngwèn, yǒu shénme kěyǐ bāng nín de ma?

顾客 我想买瓶香水。
Wǒ xiǎng mǎi píng xiāngshuǐ.

店员1 香水在这边，您先看看，❷我去找专柜销售员过来。
Xiāngshuǐ zài zhè biān, nín xiān kànkan, wǒ qù zhǎo zhuānguì xiāoshòuyuán guòlái.

顾客 好，谢谢你！
Hǎo, xièxie nǐ!

店员2 您好！❸对不起，让您久等了。❹请问，有看中的吗？
Nín hǎo! Duìbuqǐ, ràng nín jiǔ děng le. Qǐngwèn, yǒu kànzhòng de ma?

顾客 还没有。这些都是新商品吗？
Hái méiyǒu. Zhèxiē dōu shì xīn shāngpǐn ma?

店员2 不是。❺这边是打折商品，新商品在那边。
Bú shì. Zhè biān shì dǎzhé shāngpǐn, xīn shāngpǐn zài nà biān.

顾客 （选择后）我要这瓶。
(xuǎnzé hòu) Wǒ yào zhè píng.

店员2 好的，请跟我来，在这边结账。
Hǎo de, qǐng gēn wǒ lái, zài zhè biān jiézhàng.

해석

점원1		어서 오세요! 무엇을 도와드릴까요?
고 객		저는 향수를 사고 싶은데요.
점원1		향수는 이곳에 있습니다. 먼저 보고 계세요, 제가 담당판매원을 불러오겠습니다.
고 객		네, 감사합니다!
점원2		안녕하세요! 오래 기다리시게 해서 죄송합니다. 마음에 드시는 상품이 있으십니까?
고 객		아직 없어요. 여기는 모두 신상품이에요?
점원2		아니요, 이곳은 세일 상품이고, 신상품은 저쪽에 있습니다.
고 객		(선택 후) 저는 이거로 할게요.
점원2		알겠습니다, 저를 따라오세요, 이쪽에서 계산해 드리겠습니다.

店员2 （结账后）请拿好发票和取货单。
(jiézhàng hòu) Qǐng ná hǎo fāpiào hé qǔhuòdān.

我们会把您购买的商品送到机场的商品领取处。
Wǒmen huì bǎ nín gòumǎi de shāngpǐn sòng dào jīchǎng de shāngpǐn lǐngqǔchù.

您离境时在机场的商品领取处领取就可以了。
Nín líjìng shí zài jīchǎng de shāngpǐn lǐngqǔchù lǐngqǔ jiù kěyǐ le.

顾客 为什么我现在不能拿走？
Wèi shénme wǒ xiànzài bù néng ná zǒu?

店员2 对不起，这是韩国海关法的规定，外国人在市内
Duìbuqǐ, zhè shì Hánguó Hǎiguānfǎ de guīdìng, wàiguórén zài shìnèi

免税店购物的话，只有韩国特产可以当时领取，
miǎnshuìdiàn gòuwù de huà, zhǐyǒu Hánguó tèchǎn kěyǐ dāngshí lǐngqǔ,

别的商品都要在机场的商品领取处领取。请您谅解。
biéde shāngpǐn dōu yào zài jīchǎng de shāngpǐn lǐngqǔchù lǐngqǔ. Qǐng nín liàngjiě.

顾客 好的，再见！
Hǎo de, zàijiàn!

店员2 请走好。
Qǐng zǒu hǎo.

 해석

점원2　(계산 후) 영수증과 상품 교환권을 받으세요.
　　　　구입하신 상품은 공항 물품 인도장으로 운송해 드립니다.
　　　　출국 시 공항 물품 인도장에서 상품을 찾으시면 됩니다.
고 객　왜 지금 물건을 가져가지 못하죠?
점원2　죄송합니다, 한국의 세관법 규정상, 외국인이 시내 면세점에서 물건을 구입하시면,
　　　　오직 한국 특산품만 바로 가져가실 수 있고,
　　　　다른 상품은 공항 물품 인도장에서만 수령이 가능합니다. 양해 바랍니다.
고 객　알겠습니다, 안녕히 계세요!
점원2　조심히 가세요.

연습문제 练习

1 다음 중국어를 듣고 대화의 내용과 일치하는 사진을 찾아 쓰세요.

① (　　　)　② (　　　)　③ (　　　)　④ (　　　)　⑤ (　　　)

2 다음을 듣고 빈칸에 알맞은 중국어를 채우세요.

店员　请拿好(　①　)和(　②　)，您离境时在机场的商品领取处(　③　)就可以了。

顾客　为什么我现在不能拿走？

店员　对不起，这是韩国(　④　)的规定，外国人在市内免税店购物的话，(　⑤　)韩国特产可以(　⑥　)领取，别的商品都要在机场的商品领取处领取。

　　　请您(　⑦　)。

顾客　好的，再见！

店员　请走好！欢迎再次光临！

3 다음 빈칸을 채우세요.

번호	중국어	발음과 성조	한국어 뜻	번호	중국어	발음과 성조	한국어 뜻
1	售货员			2			물품 인도장
3	购物			4	看中		
5	谅解			6			신상품
7			세관법	8	离境		
9			오래 기다리다	10			규정

4 다음 각 문장과 연결될 수 있는 내용을 A-E에서 찾아 쓰세요.

> A. 我想买瓶香水。
> B. 请问，有看中的吗?
> C. 新商品在这边。
> D. 为什么我现在不能拿走?
> E. 好的，再见！

① 请走好！欢迎再次光临！　　　(　　　)

② 在这边。　　　(　　　)

③ 还没有。　　　(　　　)

④ 我要新商品。　　　(　　　)

⑤ 这是韩国海关法的规定，只有韩国特产可以当时领取。(　　　)

연습문제 练习

5 다음 한국어 문장을 중국어로 번역해서 쓰세요.

① 무엇을 도와드릴까요?

→ _____

② 제가 담당 판매원을 불러오겠습니다.

→ _____

③ 오래 기다리시게 해서 죄송합니다.

→ _____

④ 마음에 드시는 상품이 있으십니까?

→ _____

⑤ 이곳은 세일 상품이고, 신상품은 저쪽에 있습니다.

→ _____

⑥ 영수증과 상품 교환권을 받으세요. 출국 시 공항 물품 인도장에서 상품을 찾으시면 됩니다.

→ _____

⑦ 구입하신 상품은 공항 물품 인도장으로 운송해 드립니다.

→ _____

⑧ 왜 지금 물건을 가져가지 못하죠?

→ _____

⑨ 한국의 세관법 규정이니, 양해 바랍니다.

→ _____

⑩ 외국인이 시내 면세점에서 물건을 구입하시면, 오직 한국 특산품만 바로 가져가실 수 있습니다.

→ _____

6 상황별 말하기 연습

시내 면세점에서 물건 구매 시 세관법 관련 규정 사항을 중국어로 설명해 주세요.

→

참고단어

海关法 hǎiguānfǎ 세관법
规定 guīdìng 규정하다
购物 gòu//wù 물품을 구매하다
特产 tèchǎn 특산품

当时 dāngshí 그때, 당시
领取 lǐngqǔ 수령하다
领取处 lǐngqǔchù 물품 인도장
谅解 liàngjiě 양해하다, 이해하다

인터뷰 采访

(1) 부루벨코리아 관계자

먼저, 간단한 자신의 프로필 소개 좀 부탁 드립니다.

부루벨코리아 주식회사 인사부 과장 신현정입니다. 반갑습니다.

현재 부루벨코리아의 전체 규모는 어느 정도 되나요?

부루벨코리아 전체 직원수는 대략 1,150명 정도 되고, 그 중 1,000명 정도가 스토어 직원입니다. 그리고 현재 국내에 있는 모든 면세점에 크고 작은 매장이 모두 입점되어 있는 등 적지 않은 규모를 가지고 있습니다.

채용 면접 시 중점적으로 보시는 점이 있다면 어떤 것이 있을까요?

우리 부루벨코리아에서는 공채는 따로 없고, 상시 채용을 원칙으로 합니다. 저는 채용 면접시 중점적으로 보는 것은 크게 두 가지입니다. 하나는 외국어 실력입니다. 특히 회화 실력을 향상시키는 데 중점을 두시기 바랍니다. 순발력을 요하는 매장에서 회화 실력은 특기라기 보다는 기본이라고 생각합니다. 또 하나는 에티튜드(attitude)입니다. 책임감 있는 자세와 더불어 서비스 정신이 필요한 매장에서 적극적이고 밝고 성실한 자세는 필수 요건으로 간주하기 때문에 면접 시에 이 두 가지를 중점적으로 보고 있습니다.

교재 제목이 〈면세점 필수 중국어〉인 만큼 중화권 관광객 응대에 대한 관심이 많습니다. 직원 교육 시 중화권 고객을 위해서 중점적으로 교육 시키시는 내용이 있으신가요?

중국은 가깝지만 서로 다른 기질과 문화를 가진 나라입니다. 그 동안에는 가까운 나라라면 일본 관광객이 많았던 반면에, 요즘 들어서는 정말 확연하게 중화권 관광객이 많습니다. 그래서 중국인의 성향을 잘 이해할 수 있도록 따로 직원 교육에 힘쓰고 있습니다. 특히 중화권 관광객에 대한 잘못된 인식으로 생기는 고객의 불만을 줄이기 위해서 응대에 더욱 최선을 다하고 있습니다.

앞으로 취업을 준비하는 학생들에게 해 주고 싶으신 말씀이 있으시다면 어떤 점이 있을까요?

면세점은 외국어를 잘 하는 것이 특기가 아니라 기본입니다. 이 점을 잊지 마시고 더욱 더 열심히 학습해 주세요. 면세점에 취업 후에도 각 매장마다 다양한 교육 프로그램이 준비되어 있으므로 공부를 지속적으로 하게 됩니다. 그리고 무엇보다도 면세점은 판매를 기본으로 하는 서비스직입니다. 서비스의 기본 마인드와 자세를 잊지 말고 오셔야 합니다. 늘 열심히 그리고 적극적으로 일에 임할 마음가짐이 되신 분들은 면세점뿐만 아니라 어떤 직장에서든 환영 받을 것입니다.

※L면세점 내 매장

03
가격

학습목표 면세점에서 주로 사용하는 가격 및 계산에 관련된 중국어를 익히고 활용할 수 있다.

학습내용
1. 가격 묻고 답하기
2. 중국어로 계산 및 결제하는 방법

단어 生词

☐ 随便	suíbiàn	마음대로
☐ 推荐	tuījiàn	추천하다
☐ 换算	huànsuàn	환산하다
☐ 大约	dàyuē	대략, 약
☐ 收	shōu	받다
☐ 找	zhǎo	거슬러 주다
☐ 付	fù	지불하다
☐ 不够	búgòu	모자라다
☐ 银联卡	Yínliánkǎ	은련카드(중국의 은행 연합 카드)
☐ 输入	shūrù	입력하다
☐ 密码	mìmǎ	비밀 번호

보충단어 补充单词

[화폐]

- 韩币 / 韩元　　hánbì / hányuán　　한화(₩)
- 美元 / 美金　　měiyuán / měijīn　　미국 달러($)
- 人民币　　　　rénmínbì　　　　　인민폐(¥)
- 欧元　　　　　ōuyuán　　　　　　유로화(€)
- 日元 / 日圆　　rìyuán　　　　　　엔화(¥)
- 汇率　　　　　huìlǜ　　　　　　환율

[상품 크기/양 단위]

- 毫升　　　　　háoshēng　　　　밀리리터(ml)
- 升　　　　　　shēng　　　　　리터(l)
- 米 / 公尺　　　mǐ / gōngchǐ　　　미터(m)
- 厘米 / 公分　　límǐ / gōngfēn　　센티미터(cm)
- 毫米　　　　　háomǐ　　　　　밀리미터(mm)
- 公斤　　　　　gōngjīn　　　　　킬로그램(kg)
- 克　　　　　　kè　　　　　　　그램(g)
- 宽　　　　　　kuān　　　　　　너비
- 长　　　　　　cháng　　　　　높이

기본문장 基本句型

❶ 请随便看看！
Qǐng suíbiàn kànkan!
천천히 살펴 보세요!

❷ 能给我推荐一下吗？
Néng gěi wǒ tuījiàn yíxià ma?
추천 좀 해 주실 수 있나요?

❸ 换算成韩币是多少钱？
Huànsuàn chéng hánbì shì duōshao qián?
한화로 환산하면 얼마예요?

❹ 大约四万八千元韩币多一点儿。
Dàyuē sìwàn bāqiān yuán hánbì duō yìdiǎnr.
대략 4만8천원 좀 넘습니다.

❺ 贵了点儿, 有没有便宜点儿的？
Guì le diǎnr, yǒu méiyǒu piányi diǎnr de?
조금 비싸네요, 좀 싼 건 없나요?

❻ 这种是一盒13美元，三盒35美元的。
Zhè zhǒng shì yì hé shísān měiyuán, sān hé sānshíwǔ měiyuán de.
이건 한 상자에 13달러, 세 상자에 35달러입니다.

❼ 收您50美元，找您15美元。
Shōu nín wǔshí měiyuán, zhǎo nín shíwǔ měiyuán.
50달러 받았습니다, 15달러 거슬러 드리겠습니다.

❽ 您付美元还是韩币？
Nín fù měiyuán háishi hánbì?
달러로 계산하실 겁니까, 아니면 한화로 계산하실 겁니까?

❾ 我的韩币可能不够了，可以用中国的卡结账吗？
Wǒ de hánbì kěnéng búgòu le, kěyǐ yòng Zhōngguó de kǎ jiézhàng ma?
제가 가지고 있는 한화가 부족한데, 중국 카드로 계산할 수 있을까요?

❿ 这里可以用中国的银联卡结账。
Zhèli kěyǐ yòng Zhōngguó de Yínliánkǎ jiézhàng.
여기는 중국의 은련카드로 계산하실 수 있습니다.

회화 会话

店员	欢迎光临！请随便看看！ Huānyíng guānglín! Qǐng suíbiàn kànkan!
顾客	我想看看韩国特产，能给我推荐一下吗？ Wǒ xiǎng kànkan Hánguó tèchǎn, néng gěi wǒ tuījiàn yíxià ma?
店员	好的。这边是人参制品，这边是韩国巧克力。 Hǎo de. Zhè biān shì rénshēn zhìpǐn, zhè biān shì Hánguó qiǎokèlì.
顾客	这个多少钱？ Zhège duōshao qián?
店员	这种是45美元的。 Zhè zhǒng shì sìshíwǔ měiyuán de.
顾客	换算成韩币是多少钱？ Huànsuàn chéng hánbì shì duōshao qián?
店员	大约四万八千元韩币多一点儿。 Dàyuē sìwàn bāqiān yuán hánbì duō yìdiǎnr.
顾客	贵了点儿，有没有便宜点儿的？ Guì le diǎnr, yǒu méiyǒu piányi diǎnr de?

해석

점원	어서 오세요! 천천히 살펴 보세요!
고객	저는 한국 특산품을 좀 보고 싶은데요, 추천 좀 해 주실 수 있나요?
점원	알겠습니다. 이쪽은 인삼 제품이고요, 이쪽은 한국 초콜릿입니다.
고객	이건 얼마예요?
점원	이건 45달러입니다.
고객	한화로 환산하면 얼마예요?
점원	대략 4만8천원 좀 넘습니다.
고객	조금 비싸네요, 좀 싼 건 없나요?

店员	您看看这种，❻这种是一盒13美元，三盒35美元的。 Nín kànkan zhè zhǒng, zhè zhǒng shì yì hé shísān měiyuán, sān hé sānshíwǔ měiyuán de.
顾客	好吧，我要三盒35美元的。给你50美元。 Hǎo ba, wǒ yào sān hé sānshíwǔ měiyuán de. Gěi nǐ wǔshí měiyuán.
店员	❼收您50美元，找您15美元。 Shōu nín wǔshí měiyuán, zhǎo nín shíwǔ měiyuán.
顾客	对了，我还要五盒5万元韩币的巧克力。 Duì le, wǒ hái yào wǔ hé wǔwàn yuán hánbì de qiǎokèlì.
店员	好的。❽您付美元还是韩币？ Hǎo de. Nín fù měiyuán háishi hánbì?
顾客	❾我的韩币可能不够了，可以用中国的卡结账吗？ Wǒ de hánbì kěnéng búgòu le, kěyǐ yòng Zhōngguó de kǎ jiézhàng ma?
店员	❿这里可以用中国的银联卡结账。 Zhèlǐ kěyǐ yòng Zhōngguó de Yínliánkǎ jiézhàng.
顾客	那太好了。给你。 Nà tài hǎo le. Gěi nǐ.
店员	请输入密码。 Qǐng shūrù mìmǎ.

해석

점원	이거 한번 보세요, 이건 한 상자에 13달러, 세 상자에 35달러입니다.
고객	좋아요, 세 상자에 35달러짜리 주세요. 여기 50달러요.
점원	50달러 받았습니다, 15달러 거슬러 드리겠습니다.
고객	맞다, 저 다섯 상자에 5만원짜리 초콜릿도 사야 돼요.
점원	네. 달러로 계산하실 겁니까, 아니면 한화로 계산하실 겁니까?
고객	제가 가지고 있는 한화가 부족한데, 중국 카드로 계산할 수 있을까요?
점원	여기는 중국의 은련카드로 계산하실 수 있습니다.
고객	그거 참 잘 됐네요. 여기 있어요.
점원	비밀 번호를 입력해 주세요.

연습문제 练习

1 다음 중국어를 듣고 대화의 내용과 일치하는 사진을 찾아 쓰세요.

① (   )   ② (   )   ③ (   )   ④ (   )   ⑤ (   )

2 다음을 듣고 빈칸에 알맞은 중국어를 채우세요.

顾客　这个(　①　)?

店员　这种是45(　②　)的。

顾客　换算(　③　)韩币是(　④　)?

店员　(　⑤　)四万八千元韩币多一点儿。

顾客　贵了点儿，有没有(　⑥　)点儿的?

店员　您看看这种，这种是一盒13(　⑦　)，三盒35(　⑧　)的。

顾客　好吧，给我拿三盒35(　⑨　)的。

3 다음 빈칸을 채우세요.

번호	중국어	발음과 성조	한국어 뜻	번호	중국어	발음과 성조	한국어 뜻
1	换算			2	随便		
3			거슬러 주다	4	美元		
5			한화	6			추천하다
7	付			8			모자라다
9	大约			10			은련카드

4 다음 각 문장과 연결될 수 있는 내용을 A~E에서 찾아 쓰세요.

> A. 给你50美元。
> B. 换算成韩币是多少钱?
> C. 这个多少钱?
> D. 我的韩币可能不够了。
> E. 有没有便宜点儿的?

① 这种比较便宜。　　　　　(　　)

② 这里可以用中国的卡。　　(　　)

③ 80美元。　　　　　　　　(　　)

④ 收您50美元，找您15美元。(　　)

⑤ 大约四万八千元韩币多一点儿。(　　)

5 다음 한국어 문장을 중국어로 번역해서 쓰세요.

① 천천히 살펴 보세요.
→ _____

② 추천 좀 해 주실 수 있나요?
→ _____

③ 한화로 환산하면 얼마예요?
→ _____

④ 대략 4만8천원 좀 넘습니다.
→ _____

⑤ 조금 비싸네요, 좀 싼 건 없나요?
→ _____

⑥ 이건 한 상자에 13달러, 세 상자에 35달러입니다.
→ _____

⑦ 50달러 받았습니다, 15달러 거슬러 드리겠습니다.
→ _____

⑧ 달러로 계산하실 겁니까, 아니면 한화로 계산하실 겁니까?
→ _____

⑨ 제가 가지고 있는 한화가 부족한데, 중국 카드로 계산할 수 있을까요?
→ _____

⑩ 여기는 중국의 은련카드로 계산하실 수 있습니다.
→ _____

6 상황별 말하기 연습

중국 손님이 중국으로 다시 돌아가는 길에 면세점에 들렀습니다. 계산할 때 한화가 모자랍니다. 응대해 주세요.

→

用 yòng 쓰다   不够 búgòu 모자라다
银联卡 Yínliánkǎ 은련카드(중국의 은행 연합 카드)   信用卡 xìnyòngkǎ 신용카드
韩币 / 韩元 hánbì / hányuán 한화

※S면세점 내 매장

04
화장품 (1)

학습목표 화장품의 종류에 관련된 중국어를 익히고 활용할 수 있다.

학습내용
1. 화장품 종류
2. 화장품 구매에 관한 중국어 표현 (1)

단어 生词

效果	xiàoguǒ	효과
干性	gānxìng	건성
油性	yóuxìng	지성
牌子	páizi	상표, 브랜드
去皱 / 祛皱	qù//zhòu / qū//zhòu	주름을 없애다
长时间	cháng shíjiān	장시간
保湿	bǎoshī	보습이 되다
去斑 / 祛斑	qù//bān / qū//bān	기미를 제거하다
收缩	shōusuō	수축하다
毛孔	máokǒng	모공
功能	gōngnéng	기능, 효능
防晒指数	fángshài zhǐshù	SPF 지수
隔离	gélí	격리하다
紫外线	zǐwàixiàn	자외선
适合	shìhé	적합하다
户外活动	hùwài huódòng	야외 활동
清爽	qīngshuǎng	가쁜하고 시원하다
粘	nián	진득하게 붙다, 끈적이다
油腻	yóunì	기름지다
单独	dāndú	단독으로
包装	bāozhuāng	포장하다

보충단어 补充单词

[화장품 종류]

化妆水	huàzhuāngshuǐ	스킨, 토너
乳液	rǔyè	로션, 유액
洗面奶 / 卸妆油	xǐmiànnǎi / xièzhuāngyóu	클렌징 크림 / 클렌징 오일
眼霜	yǎnshuāng	아이크림
防晒霜	fángshàishuāng	선크림
精华液 / 精华素	jīnghuáyè / jīnghuásù	에센스, 세럼 / 앰플
唇膏	chúngāo	립스틱
粉底霜 / 粉底液	fěndǐshuāng / fěndǐyè	파운데이션
粉饼	fěnbǐng	파우더, 콤팩트
眼影	yǎnyǐng	아이쉐도우
面膜	miànmó	마스크
营养霜	yíngyǎngshuāng	영양 크림
日霜 / 晚霜	rìshuāng / wǎnshuāng	데이 크림 / 나이트 크림
护肤品	hùfūpǐn	기능성 화장품
气垫(BB霜)	qìdiàn(BBshuāng)	에어 쿠션(BB크림)

기본문장 基本句型

❶ 我想买一瓶效果好点儿的眼霜和精华液。
Wǒ xiǎng mǎi yì píng xiàoguǒ hǎo diǎnr de yǎnshuāng hé jīnghuáyè.
저는 효과 좋은 아이크림과 세럼을 좀 사고 싶어요.

❷ 您的皮肤是干性的还是油性的?
Nín de pífū shì gānxìng de háishi yóuxìng de?
고객님의 피부는 건성이십니까, 아니면 지성이십니까?

❸ 这个牌子的眼霜去皱效果特别好，而且可以长时间保湿。
Zhège páizi de yǎnshuāng qùzhòu xiàoguǒ tèbié hǎo, érqiě kěyǐ cháng shíjiān bǎoshī.
이 브랜드의 아이크림은 주름 제거 효과가 특별히 좋고, 게다가 장시간 보습 효과가 유지됩니다.

❹ 这种不但可以祛斑，还有收缩毛孔的功能。
Zhè zhǒng búdàn kěyǐ qūbān, hái yǒu shōusuō máokǒng de gōngnéng.
이건 기미 제거 효과가 있을 뿐만 아니라 모공 수축 기능도 있습니다.

❺ 另外我想带点儿防晒霜什么的送朋友。
Lìngwài wǒ xiǎng dài diǎnr fángshàishuāng shénme de sòng péngyou.
그 밖에 선크림 등을 친구들에게 선물하려고 합니다.

❻ 这种防晒霜的防晒指数很高，能长时间隔离紫外线，适合户外活动。
Zhè zhǒng fángshàishuāng de fángshài zhǐshù hěn gāo, néng cháng shíjiān gélí zǐwàixiàn, shìhé hùwài huódòng.
이 선크림은 자외선 차단 지수가 높아서 장시간 자외선을 차단해 주므로 야외 활동 시에 적합합니다.

❼ 这种比较清爽，不粘也不油腻。
Zhè zhǒng bǐjiào qīngshuǎng, bù nián yě bù yóunì.
이건 비교적 시원한 느낌으로 발라지고, 끈적이거나 번들거리지 않습니다.

❽ 每样给我拿三个吧。
Měi yàng gěi wǒ ná sān ge ba.
상품 종류별로 3개씩 주세요.

❾ 都要单独包装吗?
Dōu yào dāndú bāozhuāng ma?
따로따로 포장해 드릴까요?

❿ 请包装得漂亮点儿。
Qǐng bāozhuāng de piàoliang diǎnr.
예쁘게 포장해 주세요.

회화 会话

顾客　❶ 我想买一瓶效果好点儿的眼霜和精华液。
　　　　Wǒ xiǎng mǎi yì píng xiàoguǒ hǎo diǎnr de yǎnshuāng hé jīnghuáyè.

店员　您是自己用还是送人?
　　　Nín shì zìjǐ yòng háishi sòng rén?

顾客　我自己用。
　　　Wǒ zìjǐ yòng.

店员　❷ 您的皮肤是干性的还是油性的?
　　　　Nín de pífū shì gānxìng de háishi yóuxìng de?

顾客　有点儿干。
　　　Yǒudiǎnr gān.

店员　那么您看看❸这个牌子的眼霜，去皱效果特别好，
　　　Nàme nín kànkan zhè ge páizi de yǎnshuāng, qùzhòu xiàoguǒ tèbié hǎo,

　　　而且可以长时间保湿。
　　　érqiě kěyǐ cháng shíjiān bǎoshī.

顾客　好的。精华液哪种好呢? 最好是能祛斑的。
　　　Hǎo de. Jīnghuáyè nǎ zhǒng hǎo ne? Zuìhǎo shì néng qūbān de.

店员　❹ 这种不但可以祛斑，还有收缩毛孔的功能。
　　　　Zhè zhǒng búdàn kěyǐ qūbān, hái yǒu shōusuō máokǒng de gōngnéng.

해석

고 객　저는 효과 좋은 아이크림과 세럼을 좀 사고 싶은데요.
점 원　본인이 쓰실 겁니까, 아니면 선물하실 겁니까?
고 객　제가 쓰려고요.
점 원　고객님의 피부는 건성이십니까, 아니면 지성이십니까?
고 객　약간 건조해요.
점 원　이 브랜드의 아이크림 좀 보세요, 주름 제거 효과가 특별히 좋고,
　　　게다가 장시간 보습 효과가 유지됩니다.
고 객　좋아요. 세럼은 어떤 것이 좋은가요? 기미 제거에 가장 좋은 것으로요.
점 원　이건 기미 제거 효과가 있을 뿐만 아니라 모공 수축 기능도 있습니다.

顾客	好，就拿这种吧。 Hǎo, jiù ná zhè zhǒng ba. ❺另外我想带点儿防晒霜什么的送朋友。 Lìngwài wǒ xiǎng dài diǎnr fángshàishuāng shénme de sòng péngyou.
店员	❻这种防晒霜的防晒指数很高， Zhè zhǒng fángshàishuāng de fángshài zhǐshù hěn gāo, 能长时间隔离紫外线，适合户外活动。 néng cháng shíjiān gélí zǐwàixiàn, shìhé hùwài huódòng. ❼这种比较清爽，不粘也不油腻。 zhè zhǒng bǐjiào qīngshuǎng, bù nián yě bù yóunì.
顾客	❽每样给我拿三个吧。 Měi yàng gěi wǒ ná sān ge ba.
店员	好的。❾都要单独包装吗？ Hǎo de. Dōu yào dāndú bāozhuāng ma?
顾客	对。❿请包装得漂亮点儿。 Duì. Qǐng bāozhuāng de piàoliang diǎnr.

해석

고 객	좋아요, 이거로 주세요. 그 밖에 선크림 등을 친구들에게 선물하려고 하는데요.
점 원	이 선크림은 자외선 차단 지수가 높아서 장시간 자외선을 차단해 주므로 야외 활동 시에 적합합니다. 이건 비교적 시원한 느낌으로 발라지고, 끈적이거나 번들거리지 않습니다.
고 객	상품 종류별로 3개씩 주세요.
점 원	네. 따로따로 포장해 드릴까요?
고 객	네. 예쁘게 포장해 주세요.

연습문제 练习

1 다음 중국어를 듣고 대화의 내용과 일치하는 사진을 찾아 쓰세요.

① (   )   ② (   )   ③ (   )   ④ (   )   ⑤ (   )

2 다음을 듣고 빈칸에 알맞은 중국어를 채우세요.

顾客　（ ① ）我想带点儿防晒霜什么的送（ ② ）。

店员　这种（ ③ ）很高，能长时间（ ④ ）紫外线，（ ⑤ ）户外活动。

　　　这种比较清爽，不粘（ ⑥ ）不油腻。

3 다음 빈칸을 채우세요.

번호	중국어	발음과 성조	한국어 뜻	번호	중국어	발음과 성조	한국어 뜻
1			효과	2			지성
3			기미를 제거하다	4	去皱		
5	功能			6	保湿		
7			아이크림	8	收缩		
9	隔离			10			건성

4 다음 각 문장과 연결될 수 있는 내용을 A~E에서 찾아 쓰세요.

> A. 您的皮肤是干性的还是油性的?
> B. 眼霜哪种好呢?
> C. 都要单独包装吗?
> D. 精华液哪种好呢? 最好是能祛斑的。
> E. 我想带点儿防晒霜送朋友。

① 这种不但可以祛斑，而且还有收缩毛孔的功能。　(　　　)

② 那种最好。　(　　　)

③ 对。请包装得漂亮点儿。　(　　　)

④ 这种防晒指数很高，适合户外活动。　(　　　)

⑤ 有点儿干。　(　　　)

연습문제 练习

5 다음 한국어 문장을 중국어로 번역해서 쓰세요.

① 저는 효과 좋은 아이크림과 세럼을 좀 사고 싶어요.

→ _____

② 고객님의 피부는 건성이십니까, 아니면 지성이십니까?

→ _____

③ 이 브랜드의 아이크림은 주름 제거 효과가 특별히 좋고, 게다가 장시간 보습 효과가 유지됩니다.

→ _____

④ 이건 기미 제거 효과가 있을 뿐만 아니라 모공 수축 기능도 있습니다.

→ _____

⑤ 그 밖에 선크림 등을 친구들에게 선물하려고 합니다.

→ _____

⑥ 이 선크림은 자외선 차단 지수가 높아서 장시간 자외선을 차단해 주므로 야외 활동 시 적합합니다.

→ _____

⑦ 이건 비교적 시원한 느낌으로 발라지고, 끈적이거나 번들거리지 않습니다.

→ _____

⑧ 상품 종류별로 3개씩 주세요.

→ _____

⑨ 따로따로 포장해 드릴까요?

→ _____

⑩ 예쁘게 포장해 주세요.

→ _____

6 상황별 말하기 연습

선크림 선물을 고르고 있는 고객께 선크림을 소개해 주세요.

→

참고단어

防晒霜 fángshàishuāng 선크림
防晒指数 fángshài zhǐshù SPF 지수
长时间 cháng shíjiān 장시간
隔离 gélí 격리하다
紫外线 zǐwàixiàn 자외선

适合 shìhé 적합하다
户外活动 hùwài huódòng 야외 활동
清爽 qīngshuǎng 가쁜하고 시원하다
粘 nián 진득하게 붙다, 끈적이다
油腻 yóunì 기름지다

※W면세점 내 매장

05
화장품 (2)

학습목표 화장품 기능에 관련된 중국어를 익히고 활용할 수 있다.

학습내용
1. 화장품 기능 관련 단어
2. 화장품 구매에 관한 중국어 표현 (2)

단어 生词

敏感性	mǐngǎnxìng	민감성
薄	báo	엷다, 얇다
过敏	guòmǐn	(약물이나 외부 자극에) 알레르기 반응을 보이다
感觉	gǎnjué	느낌, ~라고 느끼다
纯植物	chún zhíwù	순식물
成分	chéngfèn	성분
酒精	jiǔjīng	알코올
温和	wēnhé	온화하다, 따뜻하다
持久	chíjiǔ	오래 유지되다
基础	jīchǔ	기초
偏	piān	치우치다, 편향되다
深度	shēndù	깊이
产生	chǎnshēng	생기다
皱纹	zhòuwén	주름
配合	pèihé	배합하다
确实	quèshí	확실히
烦恼	fánnǎo	골치 아프다, 고민스럽다
建议	jiànyì	제기하다, 건의하다
蕴含	yùnhán	포함하다
提升	tíshēng	높아지다
含水量	hánshuǐliàng	수분 함량
乳液状	rǔyèzhuàng	로션 타입
润润	rùnrùn	촉촉하다, 눅눅하다

보충단어 补充单词

[화장품 기능]

混合性	hùnhéxìng	복합성
护肤	hù//fū	피부를 보호하다
预防衰老	yùfáng shuāilǎo	노화를 예방하다
滋养	zīyǎng	영양, 영양을 주다
抗氧化	kàngyǎnghuà	항산화
再生	zàishēng	재생
美白	měibái	미백
保湿	bǎoshī	보습이 되다
去皱 / 祛皱	qù//zhòu / qū//zhòu	주름을 없애다
去疤 / 祛疤	qù//bā / qū//bā	잡티를 제거하다
去斑 / 祛斑	qù//bān / qū//bān	기미를 제거하다
收缩毛孔	shōusuō máokǒng	모공을 수축하다
减脂	jiǎn//zhī	지방을 감소하다
卸妆	xiè//zhuāng	메이크업을 지우다
活肤	huófū	피부를 활성화하다

기본문장 基本句型

❶ 这里有适合敏感性皮肤的护肤品吗?
Zhèli yǒu shìhé mǐngǎnxìng pífū de hùfūpǐn ma?
여기 민감성 피부에 적합한 기능성 화장품 있나요?

❷ 我皮肤很薄，很容易过敏，而且常常感觉很干。
Wǒ pífū hěn báo, hěn róngyì guòmǐn, érqiě chángcháng gǎnjué hěn gān.
제 피부가 좀 얇은 편이라서요, 쉽게 트러블이 생기는 데다가 자주 건조함을 느껴요.

❸ 这种应该适合您。
Zhè zhǒng yīnggāi shìhé nín.
이건 분명히 고객님께 잘 맞으실 겁니다.

❹ 这种不含酒精，很温和，而且持久保湿。
Zhè zhǒng bù hán jiǔjīng, hěn wēnhé, érqiě chíjiǔ bǎoshī.
이건 알코올 성분이 없고요, 부드럽습니다. 게다가 보습 효과가 오래 지속됩니다.

❺ 我妈妈皮肤偏干。
Wǒ māma pífū piān gān.
저희 어머니는 피부가 건조한 편이세요.

❻ **皮肤需要深度滋养才行。**
Pífū xūyào shēndù zīyǎng cái xíng.
피부 깊숙이 영양을 공급해야 합니다.

❼ **干性皮肤很容易产生皱纹。**
Gānxìng pífū hěn róngyì chǎnshēng zhòuwén.
건성 피부는 주름이 잘 생깁니다.

❽ **这种护肤品有抗氧化的功能，能有效预防皮肤衰老。**
Zhè zhǒng hùfūpǐn yǒu kàngyǎnghuà de gōngnéng, néng yǒuxiào yùfáng pífū shuāilǎo.
이 화장품은 항산화 기능도 있어서 피부 노화 방지에 효과가 있습니다.

❾ **它是乳液状的，使用后有润润的感觉，但是一点儿也不油腻。**
Tā shì rǔyèzhuàng de, shǐyòng hòu yǒu rùnrùn de gǎnjué, dànshì yìdiǎnr yě bù yóunì.
이건 로션 타입이라서 사용 후에 촉촉한 느낌이 남아 있고, 전혀 번들거리지 않습니다.

❿ **那你各拿一套给我吧。**
Nà nǐ gè ná yí tào gěi wǒ ba.
그럼 각각 한 세트씩 주세요.

회화 会话

顾客 ① 这里有适合敏感性皮肤的护肤品吗?
zhèli yǒu shìhé mǐngǎnxìng pífū de hùfūpǐn ma?

店员 有,是您本人用吗?
Yǒu, shì nín běnrén yòng ma?

顾客 是的。② 我皮肤很薄,很容易过敏,而且常常感觉很干。
Shì de. Wǒ pífū hěn báo, hěn róngyì guòmǐn, érqiě chángcháng gǎnjué hěn gān.

店员 那么③ 这种应该适合您,纯植物成分,
Nàme zhè zhǒng yīnggāi shìhé nín, chún zhíwù chéngfèn,

④ 不含酒精,很温和,而且持久保湿。
bù hán jiǔjīng, hěn wēnhé, érqiě chíjiǔ bǎoshī.

顾客 听起来不错。我还想给我妈妈买一套基础护肤品。
Tīngqǐlái búcuò. Wǒ hái xiǎng gěi wǒ māma mǎi yí tào jīchǔ hùfūpǐn.

店员 您母亲多大年纪?皮肤是干性的还是油性的?
Nín mǔqīn duōdà niánjì? Pífū shì gānxìng de háishi yóuxìng de?

顾客 ⑤ 我妈妈50岁,皮肤偏干。
Wǒ māma wǔshí suì, pífū piān gān.

해석

고 객	여기 민감성 피부에 적합한 기능성 화장품 있나요?
점 원	있습니다. 고객님 본인이 쓰실 겁니까?
고 객	네. 제 피부가 좀 얇은 편이라서요, 쉽게 트러블이 생기는 데다가 자주 건조함을 느껴요.
점 원	그렇다면 이건 분명히 고객님께 잘 맞으실 겁니다. 순 식물성 성분으로 알코올 성분이 없고요, 부드럽습니다. 게다가 보습 효과가 오래 지속됩니다.
고 객	들어보니 괜찮네요. 저는 어머니께도 기초 기능성 화장품 세트를 사다 드리고 싶은데요.
점 원	고객님 어머님 연세가 어떻게 되세요? 피부가 건성이십니까, 아니면 지성이십니까?
고 객	저희 어머니는 50세시고요, 피부가 건조한 편이세요.

| 店员 | 50岁的话，❻皮肤需要深度滋养才行。而且❼干性皮肤
Wǔshí suì de huà, pífū xūyào shēndù zīyǎng cái xíng. Érqiě gānxìng pífū
很容易产生皱纹，所以要配合使用去皱的产品。
hěn róngyì chǎnshēng zhòuwén, suǒyǐ yào pèihé shǐyòng qùzhòu de chǎnpǐn. |

| 顾客 | 对，我妈妈确实很为皱纹烦恼。
Duì, wǒ māma quèshí hěn wèi zhòuwén fánnǎo. |

| 店员 | 那么我建议您买这套，这种护肤品蕴含活肤成分
Nàme wǒ jiànyì nín mǎi zhè tào, zhè zhǒng hùfūpǐn yùnhán huófū chéngfèn
不但能提升皮肤含水量，❽还有抗氧化的功能，
búdàn néng tíshēng pífū hánshuǐliàng, hái yǒu kàngyǎnghuà de gōngnéng,
能有效预防皮肤衰老。
néng yǒuxiào yùfáng pífū shuāilǎo. |

| 顾客 | 会不会很油腻呢？
Huì bu huì hěn yóunì ne? |

| 店员 | 不会的，您看，❾它是乳液状的，
Bú huì de, nín kàn, tā shì rǔyèzhuàng de,
使用后有润润的感觉，但是一点儿也不油腻。
shǐyòng hòu yǒu rùnrùn de gǎnjué, dànshì yìdiǎnr yě bù yóunì. |

| 顾客 | ❿那你各拿一套给我吧。
Nà nǐ gè ná yí tào gěi wǒ ba. |

해석

| 점원 | 50세시면, 피부 깊숙이 영양을 공급해야 합니다.
그리고 건성 피부는 주름이 잘 생기므로 주름 개선 제품과 함께 사용하셔야 합니다. |
| 고객 | 맞습니다. 요즘 어머니께서 확실히 주름 때문에 고민하세요. |
| 점원 | 그러시다면 저는 이 상품을 추천해 드리겠습니다. 이 화장품은 피부 활성화 성분이 포함되어
피부의 수분 함량을 올려줄 수 있을 뿐만 아니라, 항산화 기능도 있어서
피부 노화 방지에 효과가 있습니다. |
| 고객 | 번들거리지는 않나요? |
| 점원 | 전혀요, 여기 보세요, 이건 로션 타입이라서
사용 후에 촉촉한 느낌이 남아 있고, 전혀 번들거리지 않습니다. |
| 고객 | 그럼 각각 한 세트씩 주세요. |

연습문제 练习

1 다음 중국어를 듣고 대화의 내용과 일치하는 사진을 찾아 쓰세요.

① (   )   ② (   )   ③ (   )   ④ (   )   ⑤ (   )

2 다음을 듣고 빈칸에 알맞은 중국어를 채우세요.

顾客　你们这里有适合敏感性皮肤的护肤品吗?

店员　有, 是您本人用吗?

顾客　是的。我皮肤很薄, 很容易(①), 而且常常感觉很干。

店员　那么这种应该适合您, 纯植物(②), 不(③)酒精, 很温和, 而且持久(④)。

顾客　听(⑤)不错。我还想给我妈妈买一(⑥)基础护肤品。

3   다음 빈칸을 채우세요.

번호	중국어	발음과 성조	한국어 뜻	번호	중국어	발음과 성조	한국어 뜻
1			민감성	2	酒精		
3	持久			4			온화하다
5			건의하다	6	成分		
7	提升			8	偏		
9			확실히	10			수분 함량

4   다음 각 문장과 연결될 수 있는 내용을 A~E에서 찾아 쓰세요.

> A. 请给我推荐一套吧。
> B. 我皮肤常常感觉很干。
> C. 我妈妈很为皱纹烦恼。
> D. 我皮肤很容易过敏。
> E. 会不会很油腻呢?

① 这款有去皱的效果。　　　(　　)

② 不会的。　　　(　　)

③ 这款不含酒精，应该适合您。(　　)

④ 那么我建议您买这套。　　(　　)

⑤ 这种持久保湿。　　　(　　)

연습문제 练习

5 다음 한국어 문장을 중국어로 번역해서 쓰세요.

① 여기 민감성 피부에 적합한 기능성 화장품 있나요?

→ _____

② 제 피부가 좀 얇은 편이라서요, 쉽게 트러블이 생기는 데다가 자주 건조함을 느껴요.

→ _____

③ 이건 분명히 고객님께 잘 맞으실 겁니다.

→ _____

④ 이건 알코올 성분이 없고요, 부드럽습니다. 게다가 보습 효과가 오래 지속됩니다.

→ _____

⑤ 저희 어머니는 피부가 건조한 편이세요.

→ _____

⑥ 피부 깊숙히 영양을 공급해야 합니다.

→ _____

⑦ 건성 피부는 주름이 잘 생깁니다.

→ _____

⑧ 이 화장품은 항산화 기능도 있어서 피부 노화 방지에 효과가 있습니다.

→ _____

⑨ 이건 로션 타입이라서 사용 후에 촉촉한 느낌이 남아 있고, 전혀 번들거리지 않습니다.

→ _____

⑩ 그럼 각각 한 세트씩 주세요.

→ _____

6 상황별 말하기 연습

50대 여성에게 필요한 화장품과 그 기능에 대해 중국어로 설명해 주세요.

→

참고단어

深度 shēndù 깊이	蕴含 yùnhán 포함하다
滋养 zīyǎng 자양하다	成分 chéngfèn 성분
产生 chǎnshēng 생기다	提升 tíshēng 높아지다
皱纹 zhòuwén 주름	含水量 hánshuǐliàng 수분 함량
配合 pèihé 배합하다	抗氧化 kàngyǎnghuà 항산화
去皱 / 祛皱 qù//zhòu / qū//zhòu 주름을 없애다	预防衰老 yùfáng shuāilǎo 노화를 예방하다

인터뷰 采访

[2] 아모레퍼스픽 관계자

먼저, 간단한 자신의 프로필 소개 좀 부탁 드립니다.

저는 아모레퍼시픽의 Trvel Retail TM 팀에서 근무하고 있는 이재희라고 합니다. 저희 부서는 국내외 면세점 운영을 지원하고 있는 부서이며, 저는 그 안에서 판매하시는 직원들(저희는 '엔젤'이라고 부릅니다)이 판매하는데 도움을 줄 수 있도록 교육하는 업무를 맡고 있습니다.

현재 아모레퍼스픽의 전체 규모는 어느 정도 되나요?

중국대륙 및 홍콩, 대만뿐 아니라 태국, 싱가포르, 일본, 미국까지 진출해있는 글로벌 기업입니다. 면세점 역시 세계 각국의 공항 및 국경 면세점에 입점이 되어있는 상태입니다. 현재 면세점에서는 한방 브랜드 '설화수'에서부터 '헤라', '아모레퍼시픽', '라네즈'와 '마몽드' 등을 판매하고 있습니다.

직원 교육하시거나 채용하실 때 중점적으로 보시는 점이 있다면 어떤 것이 있을까요?

저는 채용업무는 담당하고 있지 않아서 구체적인 채용 기준에 대해서는 자세히 모르지만, 수습 사원들의 교육을 진행하면서 저는 특히 적극적인지, 그리고 밝은 모습인지 아닌지를 많이 보는 것 같습니다. 사람과 만나서 제안하고 관리하는 직종인 만큼 밝고 적극적인 모습이 아니고 항상 우울해 보이고 차가운 모습을 가지고 있다면 별로 보기 안 좋기 때문입니다. 그 다음으로 보는 것은 화장품 업계이다 보니 피부 상태(?)도 많이 보는 것 같습니다. 본인이 본인의 아름다움을 얼마나 잘 관리하느냐 하는 것도 중요한 모습이기 때문입니다.

교재 제목이 〈면세점 필수 중국어〉인 만큼 중화권 관광객 응대에 대한 관심이 많습니다. 직원 교육 시 중화권 고객을 위해서 중점적으로 교육 시키시는 내용이 있으신가요?

저희도 중화권 고객 응대하는 방법에 대한 교육이 전보다 훨씬 다양하게 진행되고 있습니다. 일반적으로 중화권 고객 및 중국에 대해 자세히 인지하고 그들을 이해하는 교육은 물론, 그들과 가까워지기 위해 하는 멘트 및 방법들, 그리고 클레임이나 불안감이 발생하지 않게 판매 마무리에 상품을 사용하는 방법 및 영수증 확인 등을 꼼꼼하게 확인해드릴 수 있도록 반복적인 교육을 하고 있습니다.

앞으로 취업을 준비하는 학생들에게 해 주고 싶으신 말씀이 있으시다면 어떤 점이 있을까요?

면세점에서 근무하는 것은 단순 판매직원이 아닌 외국인들과 만나 한국의 이미지를 알려주는 문화 전파자라는 역할이 더욱 크기 때문에 직업에 대한 자부심도 큽니다.
이러한 면세점에서 근무하고 싶으시다면 가장 먼저 다양한 외국 문화 및 정세에 대해 관심을 가지시는 것이 좋습니다. 그리고 화장품 관련 회사로 취직을 하고 싶다면 화장품 및 피부에 대한 다양한 지식을 쌓는 것도 좋습니다. 어학 수준을 기본으로 채용을 하고 있지만, 실무에 들어가면 화장품 및 피부에 대한 지식 때문에 가장 많은 어려움을 겪기 때문입니다. 화장품에 관심이 있고, 잘 아시는 분이 지원하시면 유리할 거 같습니다.

※ L면세점 내 매장

06
향수

학습목표 향수 구매와 관련된 중국어를 익히고 활용할 수 있다.

학습내용
1. 색상 관련 단어
2. 향수에 관한 중국어 표현

단어 生词

气质	qìzhì	기질, 자질
香型	xiāngxíng	향기 유형
淡	dàn	(색, 향이) 연하다, 오드 뚜왈렛
浓	nóng	(색, 향이) 진하다, 오드 퍼퓸
上班	shàng//bān	출근하다
闻	wén	향을 맡다
款	kuǎn	종류, 스타일
香味(儿)	xiāngwèi(r)	향기
清淡	qīngdàn	산뜻하다
高雅	gāoyǎ	우아하다
职业	zhíyè	직업
浓郁	nóngyù	짙다
晚会	wǎnhuì	디너 파티
神秘	shénmì	신비하다
瓶子	píngzi	(향수) 병
果香型	guǒxiāngxíng	과일향
甜美	tiánměi	달콤하다
受~欢迎	shòu ~ huānyíng	인기가 많다
年轻	niánqīng	젊다
可爱	kě'ài	귀엽다, 사랑스럽다

보충단어 补充单词

[색깔]

- 黑色　　　　　　hēisè　　　　　　　검정색
- 灰色　　　　　　huīsè　　　　　　　회색
- 白色　　　　　　báisè　　　　　　　흰색
- 棕色 / 褐色　　　zōngsè / hèsè　　　갈색
- 红色　　　　　　hóngsè　　　　　　빨간색
- 粉红色　　　　　fěnhóngsè　　　　　분홍색
- 卡其色　　　　　kǎqísè　　　　　　카키색
- 橙色　　　　　　chéngsè　　　　　　오렌지색
- 金色　　　　　　jīnsè　　　　　　　금색
- 象牙色 / 米色　　xiàngyásè / mǐsè　　아이보리 / 미색
- 黄色　　　　　　huángsè　　　　　　노란색
- 绿色　　　　　　lǜsè　　　　　　　 녹색
- 天蓝色　　　　　tiānlánsè　　　　　하늘색
- 蓝色　　　　　　lánsè　　　　　　　파란색
- 紫色　　　　　　zǐsè　　　　　　　 보라색

기본문장 基本句型

❶ 我看您的气质，花香型的应该很适合您。
Wǒ kàn nín de qìzhì, huāxiāngxíng de yīnggāi hěn shìhé nín.
제가 보기엔 꽃향기 향수가 고객님께 가장 적합할 거 같습니다.

❷ 您是喜欢淡点儿的香型还是浓点儿的香型？
Nín shì xǐhuan dàn diǎnr de xiāngxíng háishi nóng diǎnr de xiāngxíng?
고객님께서는 좀 옅은 향을 좋아하십니까, 아니면 좀 짙은 향을 좋아하십니까?

❸ 香味儿清淡高雅，最适合职业女性。
Xiāngwèir qīngdàn gāoyǎ, zuì shìhé zhíyè nǚxìng.
향이 산뜻하고 우아해서 직장 여성에게 가장 적합합니다.

❹ 旁边的这种也给我闻一下，可以吗？
Pángbiān de zhè zhǒng yě gěi wǒ wén yíxià, kěyǐ ma?
옆에 있는 이 상품도 향 좀 맡아 볼 수 있을까요?

❺ 这种比较浓郁的香水适合晚上使用，比如参加晚会的时候。
Zhè zhǒng bǐjiào nóngyù de xiāngshuǐ shìhé wǎnshang shǐyòng, bǐrú cānjiā wǎnhuì de shíhou.
이건 비교적 짙은 향수로 디너 파티에 참석하는 등의 저녁 시간에 사용하기에 적합합니다.

❻ 香味儿虽然很淡，但是给人一种神秘的感觉，而且香味儿非常持久。
Xiāngwèir suīrán hěn dàn, dànshì gěi rén yì zhǒng shénmì de gǎnjué, érqiě xiāngwèir fēicháng chíjiǔ.
향은 비교적 옅지만, 맡으면 신비로운 느낌이 드는 데다가 향이 매우 오래 지속됩니다.

❼ 这是什么香味儿的?
Zhè shì shénme xiāngwèir de?
이건 어떤 향이에요?

❽ 这种是果香型的，给人的感觉比较甜美。
Zhè zhǒng shì guǒxiāngxíng de, gěi rén de gǎnjué bǐjiào tiánměi.
이건 과일향이라 비교적 달콤함을 느끼게 해 줍니다.

❾ 这款很受年轻女孩儿的欢迎。
Zhè kuǎn hěn shòu niánqīng nǚháir de huānyíng.
이 상품은 젊은 여성들에게 인기가 많습니다.

❿ 这种应该很适合我妹妹，粉红色的瓶子也很可爱。
Zhè zhǒng yīnggāi hěn shìhé wǒ mèimei, fěnhóngsè de píngzi yě hěn kě'ài.
이건 제 여동생에게 잘 어울리겠어요, 분홍색 병도 귀엽고요.

회화 会话

店员　您好！是买香水吗？
　　　Nín hǎo! Shì mǎi xiāngshuǐ ma?

顾客　是的。
　　　Shì de.

店员　是您自己用还是送给朋友？
　　　Shì nín zìjǐ yòng háishi sòng gěi péngyou?

顾客　我自己也用，朋友的也要买。
　　　Wǒ zìjǐ yě yòng, péngyou de yě yào mǎi.

店员　❶我看您的气质，花香型的应该很适合您。
　　　Wǒ kàn nín de qìzhì, huāxiāngxíng de yīnggāi hěn shìhé nín.

　　　❷您是喜欢淡点儿的香型还是浓点儿的香型？
　　　Nín shì xǐhuan dàn diǎnr de xiāngxíng háishi nóng diǎnr de xiāngxíng?

顾客　上班时用的，还是淡点儿的好。
　　　Shàngbān shí yòng de, háishì dàn diǎnr de hǎo.

店员　那您闻闻这款，❸香味儿清淡高雅，最适合职业女性。
　　　Nà nín wénwen zhè kuǎn, xiāngwèir qīngdàn gāoyǎ, zuì shìhé zhíyè nǚxìng.

顾客　❹旁边的这种也给我闻一下，可以吗？
　　　Pángbiān de zhè zhǒng yě gěi wǒ wén yíxià, kěyǐ ma?

해석

점원　안녕하십니까? 향수 사시려고요?
고객　네.
점원　본인이 쓰실 겁니까, 아니면 친구에게 선물하실 겁니까?
고객　제가 쓰기도 하고, 친구에게도 선물하려고요.
점원　제가 보기엔 꽃향기 향수가 고객님께 가장 적합할 것 같습니다.
　　　좀 옅은 향을 좋아하십니까, 아니면 좀 짙은 향을 좋아하십니까?
고객　출근할 때 쓸 거라서 아무래도 좀 옅은 게 낫겠어요.
점원　그럼 이 상품 향 좀 맡아 보세요, 향이 산뜻하고 우아해서 직장 여성에게 가장 적합합니다.
고객　옆에 있는 이 상품도 향 좀 맡아 볼 수 있을까요?

| 店员 | 当然可以。怎么样？⑤这种比较浓郁的香水适合
Dāngrán kěyǐ. Zěnmeyàng? Zhè zhǒng bǐjiào nóngyù de xiāngshuǐ shìhé

晚上使用，比如参加晚会的时候。
wǎnshang shǐyòng, bǐrú cānjiā wǎnhuì de shíhou.

那您再闻闻这种，⑥香味儿虽然很淡，
Nà nín zài wénwen zhè zhǒng, xiāngwèir suīrán hěn dàn,

但是给人一种神秘的感觉，而且香味儿非常持久。
dànshì gěi rén yì zhǒng shénmì de gǎnjué, érqiě xiāngwèir fēicháng chíjiǔ.

| 顾客 | 嗯。咦？这个瓶子好可爱，⑦这是什么香味儿的？
Èn. Yí? Zhège píngzi hǎo kě'ài, zhè shì shénme xiāngwèir de?

| 店员 | ⑧这种是果香型的，给人的感觉比较甜美。
Zhè zhǒng shì guǒxiāngxíng de, gěi rén de gǎnjué bǐjiào tiánměi.

⑨这款很受年轻女孩儿的欢迎。
Zhè kuǎn hěn shòu niánqīng nǚháir de huānyíng.

| 顾客 | 我要一瓶，⑩这种应该很适合我妹妹，
Wǒ yào yì píng, zhè zhǒng yīnggāi hěn shìhé wǒ mèimei,

粉红色的瓶子也很可爱。
fěnhóngsè de píngzi yě hěn kě'ài.

해석

점 원　당연히 되죠. 어떻습니까? 이건 비교적 짙은 향수로 디너 파티에 참석하는 등의
　　　저녁 시간에 사용하기에 적합합니다.
　　　이것도 한번 맡아보세요. 향은 비교적 옅지만,
　　　맡으면 신비로운 느낌이 드는 데다가 향이 매우 오래 지속됩니다.
고 객　네. 어? 이 병 정말 귀여워요, 이건 어떤 향이에요?
점 원　이건 과일향이라 비교적 달콤함을 느끼게 해 줍니다.
　　　이 상품은 젊은 여성들에게 인기가 많습니다.
고 객　한 병 주세요, 제 여동생에게 잘 어울리겠어요, 분홍색 병도 귀엽고요.

연습문제 练习

1 다음 중국어를 듣고 대화의 내용과 일치하는 사진을 찾아 쓰세요.

① (　　　)　② (　　　)　③ (　　　)　④ (　　　)　⑤ (　　　)

2 다음을 듣고 빈칸에 알맞은 중국어를 채우세요.

顾客　旁边的这种也给我(①)一下, (②)吗?

店员　当然(③)。这种是果香型的, 给人的感觉比较甜美。

　　　这款很(④)年轻女孩儿的(⑤)。

顾客　我要一瓶, 这种应该很适合我妹妹, 粉红色的瓶子也很(⑥)。

3 다음 빈칸을 채우세요.

번호	중국어	발음과 성조	한국어 뜻	번호	중국어	발음과 성조	한국어 뜻
1	清淡			2			디너 파티
3			향을 맡다	4			과일향
5	浓郁			6	甜美		
7			신비하다	8	香味(儿)		
9	职业			10			우아하다

4 다음 각 문장과 연결될 수 있는 내용을 A~E에서 찾아 쓰세요.

> A. 您好！是买香水吗？
> B. 您是喜欢淡点儿的香型还是浓点儿的香型？
> C. 是您自己用还是送给朋友？
> D. 旁边的这种也给我闻一下，可以吗？
> E. 粉红色的瓶子也很可爱。

① 我自己也用, 朋友的也要买。　　(　　)

② 当然可以。　　(　　)

③ 这款很受年轻女孩儿的欢迎。　　(　　)

④ 是的。　　(　　)

⑤ 上班时用的, 还是淡点儿的好。　　(　　)

연습문제 练习

5 다음 한국어 문장을 중국어로 번역해서 쓰세요.

① 제가 보기엔 꽃향기 향수가 고객님께 가장 적합할 거 같습니다.

→ _____

② 고객님께서는 좀 옅은 향을 좋아하십니까, 아니면 좀 짙은 향을 좋아하십니까?

→ _____

③ 향이 산뜻하고 우아해서 직장 여성에게 가장 적합합니다.

→ _____

④ 옆에 있는 이 상품도 향 좀 맡아 볼 수 있을까요?

→ _____

⑤ 이건 비교적 짙은 향수로 디너 파티에 참석하는 등의 저녁 시간에 사용하기에 적합합니다.

→ _____

⑥ 향은 비교적 옅지만, 맡으면 신비로운 느낌이 드는 데다가 향이 매우 오래 지속됩니다.

→ _____

⑦ 이건 어떤 향이에요?

→ _____

⑧ 이건 과일향이라 비교적 달콤함을 느끼게 해 줍니다.

→ _____

⑨ 이 상품은 젊은 여성들에게 인기가 많습니다.

→ _____

⑩ 이건 제 여동생에게 잘 어울리겠어요, 분홍색 병도 귀엽고요.

→ _____

6 상황별 말하기 연습

한 여성이 대학생 조카에게 향수를 선물하려고 합니다. 적합한 향수를 권장해 주세요.

→

果香型 guǒxiāngxíng 과일향
甜美 tiánměi 달콤하다
款 kuǎn 종류, 스타일
受~欢迎 shòu ~ huānyíng 인기가 많다

年轻 niánqīng 젊다
粉红色 fěnhóngsè 분홍색
瓶子 píngzi (향수)병
可爱 kě'ài 귀엽다, 사랑스럽다

※L면세점 내 매장

07
가방

학습목표 가방류 구매와 관련된 중국어를 익히고 활용할 수 있다.

학습내용
1. 가방 종류
2. 가방 구매에 관한 중국어 표현

단어 生词

牛皮	niúpí	소가죽
新款	xīnkuǎn	(가방, 옷 등의 디자인) 신상품
小巧精致	xiǎoqiǎo jīngzhì	매우 정교하다
实用	shíyòng	실용적이다
容量	róngliàng	용량
口袋	kǒudài	주머니
大方	dàfang	(스타일이나 색 따위가) 고상하다, 점잖다, 세련되다
除了	chúle	~을 제외하고는
稍	shāo	조금
试背	shì bēi	(가방 등을) 메 보다
显得	xiǎnde	드러나다
凉快	liángkuai	시원하다
质量	zhìliàng	품질
结实	jiēshi	튼튼하다

보충단어 补充单词

[가방 종류]

- 公文包 — gōngwénbāo — 서류 가방
- 电脑包 — diànnǎobāo — 노트북 가방
- 化妆包 — huàzhuāngbāo — 화장품 가방
- 登山包 — dēngshānbāo — 등산 가방
- 手提包 — shǒutíbāo — 핸드백
- 背包 — bēibāo — 배낭
- 腰包 — yāobāo — 허리 전대
- 零钱包 — língqiánbāo — 동전 지갑
- 卡片包 — kǎpiànbāo — 카드 지갑
- 护照包 — hùzhàobāo — 여권 지갑
- 钥匙包 — yàoshibāo — 열쇠 지갑
- 行李箱 — xínglixiāng — 여행 가방, 캐리어

기본문장 基本句型

❶ 这个包是什么皮的?
Zhège bāo shì shénme pí de?
이 가방은 무슨 가죽이에요?

❷ 这是今年的新款。小巧精致，特别配您的气质。
Zhè shì jīnnián de xīnkuǎn. Xiǎoqiǎo jīngzhì, tèbié pèi nín de qìzhì.
이건 올해 신상품입니다. 매우 정교하게 만든 것으로 특히 고객님의 분위기와 잘 어울립니다.

❸ 我想买个更实用的。
Wǒ xiǎng mǎi ge gèng shíyòng de.
저는 더 실용적인 걸로 사고 싶어요.

❹ 这种包容量很大，里面有很多小口袋，实用又大方。
Zhè zhǒng bāo róngliàng hěn dà, lǐmiàn yǒu hěn duō xiǎo kǒudài, shíyòng yòu dàfang.
이 가방은 수납 공간이 크고, 안에는 작은 주머니가 많아서 실용적이면서도 세련된 디자인입니다.

❺ 就只有这一种颜色的吗?
Jiù zhǐyǒu zhè yì zhǒng yánsè de ma?
이 색깔밖에 없나요?

❻ 除了黑色的，还有棕色的和米色的。
Chúle hēisè de, hái yǒu zōngsè de hé mǐsè de.
검정색 외에 갈색과 미색이 있습니다.

❼ 您试背一下看看。
Nín shì bēi yíxià kànkan.
한번 메 보세요.

❽ 颜色是不是太深了？
Yánsè shì bu shì tài shēn le?
색깔이 너무 진하지 않아요?

❾ 那您换这个米色的试试。
Nà nín huàn zhège mǐsè de shìshi.
그럼 이 미색으로 바꿔서 메 보세요.

❿ 夏天背这种颜色显得更凉快些。
Xiàtiān bēi zhè zhǒng yánsè xiǎnde gèng liángkuai xiē.
여름에는 이런 색깔이 더 시원해 보입니다.

회화 会话

店员　欢迎光临！请慢慢儿看！
　　　Huānyíng guānglín! Qǐng mànmānr kàn!

顾客　❶这个包是什么皮的？
　　　Zhège bāo shì shénme pí de?

店员　牛皮的，❷是今年的新款。
　　　Niúpí de, shì jīnnián de xīnkuǎn.

　　　小巧精致，特别配您的气质。
　　　Xiǎoqiǎo jīngzhì, tèbié pèi nín de qìzhì.

顾客　是很漂亮。❸不过我想买个更实用的。
　　　Shì hěn piàoliang. Búguò wǒ xiǎng mǎi ge gèng shíyòng de.

店员　那您看看这种，❹包的容量很大，
　　　Nà nín kànkan zhè zhǒng, bāo de róngliàng hěn dà,

　　　里面有很多小口袋，实用又大方。
　　　lǐmiàn yǒu hěn duō xiǎo kǒudài, shíyòng yòu dàfang.

顾客　❺就只有这一种颜色的吗？
　　　Jiù zhǐyǒu zhè yì zhǒng yánsè de ma?

해석

점원　어서 오세요! 천천히 보세요!
고객　이 가방은 무슨 가죽이에요?
점원　소가죽인데요, 올해 신상품입니다.
　　　매우 정교하게 만든 것으로 특히 고객님의 분위기와 잘 어울립니다.
고객　예쁘긴 한데요, 저는 더 실용적인 걸로 사고 싶어요.
점원　그럼 이 가방 한번 보세요. 수납 공간이 크고,
　　　안에 작은 주머니가 많아서 실용적이면서도 세련된 디자인입니다.
고객　이 색깔밖에 없나요?

店员 ❻ 除了黑色的，还有棕色的和米色的。
Chúle hēisè de, hái yǒu zōngsè de hé mǐsè de.

顾客 给我棕色的看看。
Gěi wǒ zōngsè de kànkan.

店员 请稍等。我马上给您拿。❼ 您试背一下看看。
Qǐng shāo děng. Wǒ mǎshàng gěi nín ná. Nín shì bēi yíxià kànkan.

顾客 ❽ 颜色是不是太深了？
Yánsè shì bu shì tài shēn le?

店员 ❾ 那您换这个米色的试试。
Nà nín huàn zhège mǐsè de shìshi.
❿ 夏天背这种颜色显得更凉快些。
Xiàtiān bēi zhè zhǒng yánsè xiǎnde gèng liángkuai xiē.

顾客 (试背后) 嗯, 质量也不错，看起来很结实, 就这个吧。
(shì bēi hòu) Èn, zhìliàng yě búcuò, kànqǐlái hěn jiēshi, jiù zhège ba.

해석

점원 검정색 외에 갈색과 미색이 있습니다.
고객 갈색 좀 보여주세요.
점원 잠시만요. 바로 가져다 드리겠습니다. 한번 메 보세요.
고객 색깔이 너무 진하지 않아요?
점원 그럼 이 미색으로 바꿔서 메 보세요. 여름에는 이런 색깔이 더 시원해 보입니다.
고객 (메 본 후) 음, 품질도 괜찮고, 튼튼해 보이고요, 이걸로 할게요.

연습문제 练习

1 다음 중국어를 듣고 대화의 내용과 일치하는 사진을 찾아 쓰세요.

① (　　　)　② (　　　)　③ (　　　)　④ (　　　)　⑤ (　　　)

2 다음을 듣고 빈칸에 알맞은 중국어를 채우세요.

顾客　这个包是(①)皮的?

店员　牛皮的，是今年的新款。(②)，特别(③)您的(④)。

顾客　是很漂亮。(⑤)我想买个更实用的。

店员　那您看看这种，包的容量很大，里面有很多小口袋，实用又大方。

顾客　就只有这一种颜色的吗?

店员　(⑥)黑色的，(⑦)有棕色的和米色的。

102

3 다음 빈칸을 채우세요.

번호	중국어	발음과 성조	한국어 뜻	번호	중국어	발음과 성조	한국어 뜻
1	小巧精致			2			실용적이다
3	口袋			4			튼튼하다
5	牛皮			6			시원하다
7	大方			8			품질
9	显得			10			용량

4 다음 각 문장과 연결될 수 있는 내용을 A~E에서 찾아 쓰세요.

> A. 我可以试背一下吗?
> B. 还有别的颜色的吗?
> C. 哪个是新款的?
> D. 给我米色的看看。
> E. 我想买个实用的。

① 只有米色和黑色两种。　　　(　　)

② 请稍等。我马上给您拿。　　(　　)

③ 当然，请试一下。　　　　　(　　)

④ 那您看这种，包的容量很大。(　　)

⑤ 这些都是。　　　　　　　　(　　)

연습문제 练习

5 다음 한국어 문장을 중국어로 번역해서 쓰세요.

① 이 가방은 무슨 가죽이에요?

→ _____

② 이건 올해 신상품입니다. 매우 정교하게 만든 것으로 특히 고객님의 분위기와 잘 어울립니다.

→ _____

③ 저는 더 실용적인 걸로 사고 싶어요.

→ _____

④ 이 가방은 수납 공간이 크고, 안에는 작은 주머니가 많아서 실용적이면서도 세련된 디자인입니다.

→ _____

⑤ 이 색깔밖에 없나요?

→ _____

⑥ 검정색 외에 갈색과 미색이 있습니다.

→ _____

⑦ 한번 메 보세요.

→ _____

⑧ 색깔이 너무 진하지 않아요?

→ _____

⑨ 그럼 이 미색으로 바꿔서 메 보세요.

→ _____

⑩ 여름에는 이런 색깔이 더 시원해 보입니다.

→ _____

6 상황별 말하기 연습

한 고객이 딸 아이가 대학에 입학해서 가방을 선물로 구매하고자 합니다. 응대해 주세요.

→

容量 róngliàng 용량
口袋 kǒudài 주머니
实用 shíyòng 실용적이다

大方 dàfang (스타일이나 색 따위가) 고상하다, 점잖다, 세련되다
适合 shìhé 적합하다

[3] 구찌 관계자

먼저, 간단한 자신의 프로필 소개 좀 부탁 드립니다.

구찌코리아 인사부 노윤아입니다. 구찌의 전국 백화점 및 면세점 근무 직원들에 대한 채용을 담당하고 있습니다.

현재 구찌의 전체 규모는 어느 정도 되나요?

2013년 현재, 인천공항, 김포공항의 면세점을 비롯하여 서울, 부산, 제주도에 이르기까지 전국에 걸쳐 총 15개 매장에 약 150명 가량의 직원이 근무하고 있습니다.

채용 면접 시 중점적으로 보시는 점이 있다면 어떤 것이 있을까요?

구찌 내부적 채용 기준에 따라 면접 시 지원자의 전공, 어학능력, 과외활동(판매경험), 인성, 태도 및 지원동기 등에 걸쳐 통합적 요소들을 평가합니다. 또한 일정 기간의 인턴 기간을 통해 매장 적응력과 상품 지식 및 서비스 마인드 등이 갖추어질 경우, 직원으로 최종 선발하게 됩니다. 채용은 연중 수시로 진행하고 있으며, 구찌와 산학 협력을 맺은 대학의 교수님 추천에 따른 특별 채용 또한 연 3~4회 가량 진행하고 있습니다.

교재 제목이 〈면세점 필수 중국어〉인 만큼 중화권 관광객 응대에 대한 관심이 많습니다. 직원 교육 시 중화권 고객을 위해서 중점적으로 교육 시키시는 내용이 있으신가요?

구찌에서 정기적으로 진행 중인 서비스 및 상품 교육 시 면세점 직원들을 위하여 한/중/일 고객 분석 및 응대 요령을 교육하는 session을 별도 운영하고 있으며, 중국 문화와 중국어 능력 향상을 위한 온라인 교육 프로그램 지원, 우수 사원을 대상으로 중국어 학원비 지원 등 다양한 교육 프로그램을 지원하고 있습니다.

앞으로 취업을 준비하는 학생들에게 해 주고 싶으신 말씀이 있으시다면 어떤 점이 있을까요?

먼저 본인이 관심 있는 분야에 대한 정보를 부지런히 알아보고, 다양한 경험을 쌓아 보시기를 추천합니다. 학교와 기업간에 연계되는 실습이나 아르바이트, 인턴 프로그램 등을 통해 자신의 적성과 성향을 파악하여 취업을 희망하는 분야에 대한 확신을 갖는 것이 중요하지 않을까요?

※L면세점 내 매장

08
의류

학습목표 의류 구매와 관련된 중국어를 익히고 활용할 수 있다.

학습내용
1. 의류 종류
2. 의류 구매에 관한 중국어 표현

단어 生词

试穿	shì chuān	입어 보다
号	hào	치수
试衣间	shìyījiān	탈의실
大小	dàxiǎo	크기
倒(是)	dào(shì)	오히려, 의외로
亮	liàng	환하다
眼前	yǎnqián	눈 앞
年纪	niánjì	나이
好像	hǎoxiàng	마치 ~인 것 같다
镜子	jìngzi	거울
精神	jīngshen	기운, 생기
真丝	zhēnsī	비단, 실크
面料	miànliào	원단
水洗	shuǐxǐ	물세탁
干洗	gānxǐ	드라이클리닝
退换	tuìhuàn	(상품을) 교환이나 환불하다
一定	yídìng	반드시

보충단어 补充单词

[의류 종류]

领带	lǐngdài	넥타이
丝巾	sījīn	비단 스카프
裤子	kùzi	바지
牛仔裤	niúzǎikù	청바지
裙子	qúnzi	치마
连衣裙	liányīqún	원피스
T恤	Txù	티셔츠
毛衣	máoyī	스웨터
衬衫	chènshān	와이셔츠
女式衬衫	nǚshì chènshān	블라우스
大衣	dàyī	외투
西装 / 正装	xīzhuāng / zhèngzhuāng	양복 / 정장
皮鞋	píxié	구두

기본문장 基本句型

❶ 喜欢的话可以试穿。
Xǐhuan de huà kěyǐ shì chuān.
마음에 드시면 입어보실 수 있습니다.

❷ 把这件连衣裙拿给我看看，好吗?
Bǎ zhè jiàn liányīqún ná gěi wǒ kànkan, hǎo ma?
이 원피스 좀 보여 주시겠어요?

❸ 请问，您穿什么/多大号的?
Qǐngwèn, nín chuān shénme / duōdà hào de?
실례지만, 고객님 옷 사이즈가 어떻게 되세요?

❹ 这是M的，试衣间在那边。
Zhè shì M de, shìyījiān zài nà biān.
M 사이즈 여기 있습니다. 탈의실은 저쪽에 있습니다.

❺ 大小倒(是)很合适，就是颜色太亮了。
Dàxiǎo dào(shì) hěn héshì, jiùshì yánsè tài liàng le.
크기는 딱 맞는데 색깔이 너무 밝아요.

❻ 您刚才出来时，我觉得眼前一亮呢。
Nín gāngcái chūlái shí, wǒ juéde yǎnqián yí liàng ne.
고객님 방금 입고 나오실 때, 정말 환해 보였습니다.

❼ 可是我这个年纪好像不太适合。
Kěshì wǒ zhège niánjì hǎoxiàng bú tài shìhé.
그렇지만 제 나이에는 맞지 않는 것 같아요.

❽ 比刚才看起来年轻多了！
Bǐ gāngcái kànqǐlái niánqīng duō le!
좀 전보다 몇 년은 젊어 보이세요!

❾ 这是真丝面料的，不能水洗，只能干洗。
Zhè shì zhēnsī miànliào de, bù néng shuǐxǐ, zhǐ néng gānxǐ.
이건 실크 원단이어서 물세탁 하시면 안 되고, 드라이클리닝만 하셔야 됩니다.

❿ 真丝制品不能退换。
Zhēnsī zhìpǐn bù néng tuìhuàn.
실크 제품은 교환이나 환불을 하실 수 없습니다.

회화 会话

店员 欢迎光临！请随便看看。①喜欢的话可以试穿。
Huānyíng guānglín! Qǐng suíbiàn kànkan. Xǐhuan de huà kěyǐ shì chuān.

顾客 ②把这件连衣裙拿给我看看，好吗?
Bǎ zhè jiàn liányīqún ná gěi wǒ kànkan, hǎo ma?

店员 ③请问，您穿什么号的?
Qǐngwèn, nín chuān shénme hào de?

顾客 我一般穿M的。
Wǒ yìbān chuān M de.

店员 ④这是M的，试衣间在那边。
Zhè shì M de, shìyījiān zài nà biān.

顾客 (从试衣间出来)⑤大小倒(是)很合适，就是颜色太亮了。
(cóng shìyījiān chūlái) Dàxiǎo dào(shì) hěn héshì, jiùshì yánsè tài liàng le.

店员 我觉得很好看啊！
Wǒ juéde hěn hǎokàn a!

⑥您刚才出来时，我觉得眼前一亮呢。
Nín gāngcái chūlái shí, wǒ juéde yǎnqián yí liàng ne.

해석

점원	어서 오세요! 천천히 살펴 보세요. 마음에 드시면 입어보실 수 있습니다.
고객	이 원피스 좀 보여 주시겠어요?
점원	실례지만, 고객님 옷 사이즈가 어떻게 되세요?
고객	저는 보통 M 사이즈를 입어요.
점원	M 사이즈 여기 있습니다. 탈의실은 저쪽에 있습니다.
고객	크기는 딱 맞는데, 색깔이 너무 밝아요.
점원	제가 보기엔 정말 예쁩니다! 고객님 방금 입고 나오실 때, 정말 환해 보였습니다.

顾客 ❼可是我这个年纪好像不太适合。
Kěshì wǒ zhège niánjì hǎoxiàng bú tài shìhé.

店员 不会的，您照照镜子，多精神啊！
Bú huì de, nín zhàozhao jìngzi, duō jīngshen a!

❽比刚才看起来年轻多了！
Bǐ gāngcái kànqǐlái niánqīng duō le!

顾客 好吧，那就买这件吧。
Hǎo ba, nà jiù mǎi zhè jiàn ba.

店员 ❾这是真丝面料的，不能水洗，只能干洗。
Zhè shì zhēnsī miànliào de, bù néng shuǐxǐ, zhǐ néng gānxǐ.

而且❿真丝制品不能退换，所以请您一定看好。
Érqiě zhēnsī zhìpǐn bù néng tuìhuàn, suǒyǐ qǐng nín yídìng kàn hǎo.

顾客 好的，知道了。
Hǎo de, zhīdao le.

해석

고 객 　그렇지만 제 나이에는 맞지 않는 것 같아요.
점 원 　아닙니다. 거울 한번 보세요, 얼마나 생기 있어 보이시는데요!
　　　좀 전보다 몇 년은 젊어 보이세요!
고 객 　좋아요, 그럼 한 벌 주세요.
점 원 　이건 실크 원단이어서 물세탁 하시면 안 되고, 드라이클리닝만 하셔야 됩니다.
　　　그리고 실크 제품은 교환이나 환불을 하실 수 없으니 잘 보셔야 합니다.
고 객 　네, 알겠어요.

연습문제 练习

1 다음 중국어를 듣고 대화의 내용과 일치하는 사진을 찾아 쓰세요.

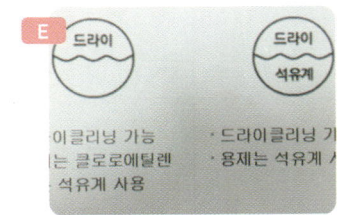

① (　　　)　② (　　　)　③ (　　　)　④ (　　　)　⑤ (　　　)

2 다음을 듣고 빈칸에 알맞은 중국어를 채우세요.

店员　我(①)很好看啊！您刚才出来时，我(②)眼前(③)呢。

顾客　可是我这个年纪(④)不太适合 。

店员　不会的，您照照镜子，多(⑤)啊！(⑥)刚才看起来年轻多了！

顾客　好吧，那就买这件吧。

店员　这是(⑦)面料的，不能水洗，只能干洗。而且(⑧)制品不能(⑨)，所以请您一定看好。

3 다음 빈칸을 채우세요.

번호	중국어	발음과 성조	한국어 뜻	번호	중국어	발음과 성조	한국어 뜻
1			거울	2	一定		
3			원단	4	连衣裙		
5			드라이클리닝	6	年纪		
7			물세탁	8	精神		
9			크기	10	真丝		

4 다음 각 문장과 연결될 수 있는 내용을 A~E에서 찾아 쓰세요.

> A. 请问，您穿什么号的?
> B. 可以试穿一下吗?
> C. 我这个年纪好像不太适合。
> D. 大小倒是很合适，就是颜色太亮了。
> E. 把这件连衣裙拿给我看看，好吗?

① 当然可以，试衣间在那边。　　（　　）

② 不亮，您照照镜子，多精神啊！（　　）

③ 我一般穿M的。　　　　　　　（　　）

④ 好，请稍等。　　　　　　　　（　　）

⑤ 不，我觉得很适合您。　　　　（　　）

연습문제 练习

5 다음 한국어 문장을 중국어로 번역해서 쓰세요.

① 마음에 드시면 입어보실 수 있습니다.
→ _____

② 이 원피스 좀 보여주시겠어요?
→ _____

③ 실례지만, 고객님 옷 사이즈가 어떻게 되세요?
→ _____

④ M 사이즈 여기 있습니다. 탈의실은 저쪽에 있습니다.
→ _____

⑤ 크기는 딱 맞는데 색깔이 너무 밝아요.
→ _____

⑥ 고객님 방금 입고 나오실 때, 정말 환해 보였습니다.
→ _____

⑦ 그렇지만 제 나이에는 맞지 않는 것 같아요.
→ _____

⑧ 좀 전보다 몇 년은 젊어 보이세요!
→ _____

⑨ 이건 실크 원단이어서 물세탁 하시면 안 되고, 드라이클리닝만 하셔야 됩니다.
→ _____

⑩ 실크 제품은 교환이나 환불을 하실 수 없습니다.
→ _____

6 상황별 말하기 연습

실크 옷에 대한 유의사항을 고객님께 중국어로 전달해 주세요.

→

참고단어

真丝 zhēnsī 비단, 실크
面料 miànliào 원단
水洗 shuǐxǐ 물세탁
干洗 gānxǐ 드라이클리닝
退换 tuìhuàn (상품을) 교환이나 환불하다
一定 yídìng 반드시

09
담배와 주류

학습목표 담배와 술에 관련된 중국어를 익히고 활용할 수 있다.

학습내용
1. 담배와 술 종류
2. 담배와 술의 특징에 관한 중국어 표현

단어 生词

中华烟	Zhōnghuáyān	중화 담배
限购	xiàngòu	구매 제한
免费	miǎnfèi	무료
品尝	pǐncháng	맛보다
口感	kǒugǎn	입맛(입과 입안에 느껴지는 느낌 및 맛)
味道	wèidào	맛
品牌	pǐnpái	상표
根据	gēnjù	~에 근거하다
醇厚	chúnhòu	깔끔하고 진하다
南部	nánbù	남부
生产	shēngchǎn	생산하다
冰镇	bīngzhèn	(얼음 등으로) 차게 하다
饮用	yǐnyòng	마시다
特有	tèyǒu	특유하다, 고유하다
覆盆子	fùpénzǐ	복분자
原料	yuánliào	원료
制造	zhìzào	제조하다
甜味儿	tiánwèir	단맛
喜爱	xǐ'ài	애호(하다)

보충단어 补充单词

[주류 종류]

- 度数　　　　　dùshù　　　　　　도수
- 洋酒　　　　　yángjiǔ　　　　　양주
- 威士忌　　　　wēishìjì　　　　　위스키
- 伏特加(酒)　　fútèjiā(jiǔ)　　　보드카
- 高粱酒　　　　gāoliángjiǔ　　　고량주
- 白酒　　　　　báijiǔ　　　　　　백주, 배갈
- 葡萄酒 / 红酒　pútáojiǔ / hóngjiǔ　포도주 / 와인
- 米酒　　　　　mǐjiǔ　　　　　　막걸리
- 烧酒　　　　　shāojiǔ　　　　　소주
- 清酒　　　　　qīngjiǔ　　　　　청주
- 覆盆子酒　　　fùpénzǐjiǔ　　　　복분자주
- 果酒　　　　　guǒjiǔ　　　　　　과실주

기본문장 基本句型

❶ 这边是韩国烟，这边是中国烟，这边是美国和欧洲的。
Zhè biān shì Hánguó yān, zhè biān shì Zhōngguó yān, zhè biān shì Měiguó hé Ōuzhōu de.
이쪽은 한국 담배이고, 이쪽은 중국 담배, 이쪽은 미국과 유럽 담배입니다.

❷ 中华烟每人限购一条。
Zhōnghuáyān měi rén xiàngòu yì tiáo.
중화 담배는 1인당 한 보루까지만 구매하실 수 있습니다.

❸ 现在有免费品尝活动，请尝一尝。
Xiànzài yǒu miǎnfèi pǐncháng huódòng, qǐng cháng yi cháng.
지금 무료 시음 행사를 하고 있으니, 한번 드셔 보세요.

❹ 这酒的口感不错，这些都是一样的味道吗？
Zhè jiǔ de kǒugǎn búcuò, zhèxiē dōu shì yíyàng de wèidào ma?
이 술맛이 괜찮은데요, 여기 있는 것들은 모두 같은 맛인가요?

❺ 虽然品牌相同，但是根据年份不同，味道也有些不一样。
Suīrán pǐnpái xiāngtóng, dànshì gēnjù niánfèn bù tóng, wèidào yě yǒuxiē bù yíyàng.
같은 상표인데 제조 연도가 다르고, 맛 또한 다릅니다.

❻ 年份越久，味道越醇厚。
Niánfèn yuè jiǔ, wèidào yuè chúnhòu.
제조 연도가 오래될수록 맛도 진합니다.

❼ 这是法国南部生产的一级红酒，味道浓郁。
Zhè shì Fǎguó nánbù shēngchǎn de yìjí hóngjiǔ, wèidào nóngyù.
이건 프랑스 남부에서 생산한 1등급 와인으로, 맛이 진합니다.

❽ 冰镇后饮用的话口感更好。
Bīngzhèn hòu yǐnyòng de huà kǒugǎn gèng hǎo.
차갑게 드시면 맛이 더욱 좋습니다.

❾ 覆盆子酒是以新鲜的覆盆子为原料制造的果酒。
Fùpénzǐjiǔ shì yǐ xīnxiān de fùpénzǐ wéi yuánliào zhìzào de guǒjiǔ.
복분자주는 신선한 복분자를 원료로 만든 과실주입니다.

❿ 味道带点儿甜味儿，对身体也很好，很受女性和老年人的喜爱。
Wèidào dài diǎnr tiánwèir, duì shēntǐ yě hěn hǎo, hěn shòu nǚxìng hé lǎoniánrén de xǐ'ài.
약간 단맛도 있고, 건강에도 좋아서 여성과 노인들에게 사랑받고 있습니다.

회화 会话

顾客　我想看看烟。
　　　Wǒ xiǎng kànkan yān.

店员　❶这边是韩国烟，这边是中国烟，
　　　Zhè biān shì Hánguó yān, zhè biān shì Zhōngguó yān,
　　　这边是美国和欧洲的。请慢慢儿看！
　　　zhè biān shì Měiguó hé Ōuzhōu de. Qǐng mànmānr kàn!

顾客　这种中华烟给我拿三条。
　　　Zhè zhǒng Zhōnghuáyān gěi wǒ ná sān tiáo.

店员　对不起，❷中华烟每人限购一条。
　　　Duìbuqǐ, Zhōnghuáyān měi rén xiàngòu yì tiáo.

顾客　那给我一条吧。请问，酒在哪里？
　　　Nà gěi wǒ yì tiáo ba. Qǐngwèn, jiǔ zài nǎli?

店员　请到这边来。❸现在有免费品尝活动，请尝一尝。
　　　Qǐng dào zhè biān lái. Xiànzài yǒu miǎnfèi pǐncháng huódòng, qǐng cháng yi cháng.

顾客　(品尝后)❹这酒的口感不错，这些都是一样的味道吗？
　　　(pǐncháng hòu) Zhè jiǔ de kǒugǎn búcuò, zhèxiē dōu shì yíyàng de wèidào ma?

해석

고 객　저는 담배 좀 보고 싶은데요.
점 원　이쪽은 한국 담배이고, 이쪽은 중국 담배,
　　　이쪽은 미국과 유럽 담배입니다. 천천히 보세요!
고 객　이 중화 담배 세 보루 주세요.
점 원　죄송합니다만, 중화 담배는 1인당 한 보루까지만 구매하실 수 있습니다.
고 객　그럼 한 보루 주세요. 실례지만, 술은 어디 있죠?
점 원　이쪽으로 오세요. 지금 무료 시음 행사를 하고 있으니, 한번 드셔 보세요.
고 객　(맛을 본 후) 이 술맛이 괜찮은데요, 여기 있는 것들은 모두 같은 맛인가요?

店员　❺虽然品牌相同，但是根据年份不同，
　　　Suīrán pǐnpái xiāngtóng, dànshì gēnjù niánfèn bù tóng,

　　　味道也有些不一样。❻年份越久，味道越醇厚。
　　　wèidào yě yǒuxiē bù yíyàng. Niánfèn yuè jiǔ, wèidào yuè chúnhòu.

顾客　这种是……？
　　　Zhè zhǒng shì ……?

店员　❼这是法国南部生产的一级红酒，味道浓郁，
　　　Zhè shì Fǎguó nánbù shēngchǎn de yìjí hóngjiǔ, wèidào nóngyù,

　　　❽冰镇后饮用的话口感更好。
　　　bīngzhèn hòu yǐnyòng de huà kǒugǎn gèng hǎo.

顾客　好是好，就是贵了点儿。这是韩国的红酒吗？
　　　Hǎo shì hǎo, jiùshì guì le diǎnr. Zhè shì Hánguó de hóngjiǔ ma?

店员　这是韩国特有的覆盆子酒，❾是以新鲜的覆盆子为原料
　　　Zhè shì Hánguó tèyǒu de fùpénzǐjiǔ, shì yǐ xīnxiān de fùpénzǐ wéi yuánliào

　　　制造的果酒。❿味道带点儿甜味儿，对身体也很好，
　　　zhìzào de guǒjiǔ. Wèidào dài diǎnr tiánwèir, duì shēntǐ yě hěn hǎo,

　　　很受女性和老年人的喜爱。
　　　hěn shòu nǚxìng hé lǎoniánrén de xǐ'ài.

해석

점 원	같은 상표인데 제조 연도가 다르고, 맛 또한 다릅니다. 제조 연도가 오래될수록 맛도 진합니다.
고 객	이건……?
점 원	이건 프랑스 남부에서 생산한 1등급 와인으로, 맛이 진하고, 차갑게 드시면 맛이 더욱 좋습니다.
고 객	좋긴 한데 좀 비싼 편이네요. 이것은 한국의 와인인가요?
점 원	이것은 한국 고유의 복분자주인데요, 신선한 복분자를 원료로 만든 과실주입니다. 약간 단맛도 있고, 건강에도 좋아서 여성과 노인들에게 사랑받고 있습니다.

연습문제 练习

1 다음 중국어를 듣고 대화의 내용과 일치하는 사진을 찾아 쓰세요.

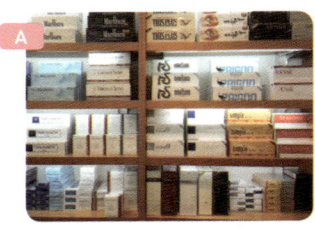

① (　　　　)　② (　　　　)　③ (　　　　)　④ (　　　　)　⑤ (　　　　)

2 다음을 듣고 빈칸에 알맞은 중국어를 채우세요.

店员　这是法国南部(①)的一级红酒,(②)浓郁,冰镇后饮用口感更好。

顾客　好是好,(③)贵了点儿。 这是韩国的红酒吗?

店员　这是韩国(④)的覆盆子酒,是(⑤)新鲜的覆盆子(⑥)原料制造的果酒。(⑦)带点儿甜味儿,(⑧)身体也(⑨),很受女性和老年人的(⑩)。

3 다음 빈칸을 채우세요.

번호	중국어	발음과 성조	한국어 뜻	번호	중국어	발음과 성조	한국어 뜻
1	口感			2	饮用		
3			생산하다	4			상표
5			무료	6			원료
7	限购			8	根据		
9			제조하다	10	醇厚		

4 다음 각 문장과 연결될 수 있는 내용을 A~E에서 찾아 쓰세요.

> A. 这种中华烟给我拿三条。
> B. 这边是韩国烟，这边是美国和欧洲的。
> C. 请问，酒在哪里？
> D. 这是韩国的红酒吗？
> E. 这些都是一样的味道吗？

① 这是韩国特有的覆盆子酒。　　　　(　　　)

② 根据年份不同，味道也有些不一样。(　　　)

③ 我想看看烟。　　　　　　　　　　(　　　)

④ 请到这边来。　　　　　　　　　　(　　　)

⑤ 对不起，中华烟每人限购一条。　　(　　　)

연습문제 练习

5 다음 한국어 문장을 중국어로 번역해서 쓰세요.

① 이쪽은 한국 담배이고, 이쪽은 중국 담배, 이쪽은 미국과 유럽 담배입니다.

→ _____

② 중화 담배는 1인당 한 보루까지만 구매하실 수 있습니다.

→ _____

③ 지금 무료 시음 행사를 하고 있으니, 한번 드셔 보세요.

→ _____

④ 이 술맛이 괜찮은데요, 여기 있는 것들은 모두 같은 맛인가요?

→ _____

⑤ 같은 상표인데 제조 연도가 다르고, 맛 또한 다릅니다.

→ _____

⑥ 제조 연도가 오래될수록 맛도 진합니다.

→ _____

⑦ 이건 프랑스 남부에서 생산한 1등급 와인으로, 맛이 진합니다.

→ _____

⑧ 차갑게 드시면 맛이 더욱 좋습니다.

→ _____

⑨ 복분자주는 신선한 복분자를 원료로 만든 과실주입니다.

→ _____

⑩ 약간 단맛도 있고, 건강에도 좋아서 여성과 노인들에게 사랑받고 있습니다.

→ _____

6 상황별 말하기 연습

복분자주의 특징에 대해 중국어로 설명해 주세요.

→

참고단어

特有 tèyǒu 특유하다, 고유하다
覆盆子酒 fùpénzǐjiǔ 복분자주
新鲜 xīnxiān 신선하다
覆盆子 fùpénzǐ 복분자
原料 yuánliào 원료

制造 zhìzào 제조
果酒 guǒjiǔ 과실주
味道 wèidào 맛
甜味儿 tiánwèir 단맛
喜爱 xǐ'ài 애호(하다)

09 담배와 주류 131

※L면세점 내 매장

10
식품류

학습목표 홍삼류 등의 식품류 판매와 관련된 중국어를 익히고 활용할 수 있다.

학습내용
1. 홍삼 등 건강 보조 식품 종류
2. 김 등의 주요 식품 종류
3. 상품별 특징에 관한 중국어 표현

단어 生词

浓缩液	nóngsuōyè	농축액
服用	fúyòng	복용(하다)
勺儿	sháor	스푼
高纯度	gāo chúndù	고순도
补气	bǔ//qì	기를 보충하다
补血	bǔ//xuè	보혈하다
功效	gōngxiào	효능, 효과
提高	tí//gāo	향상시키다
人体	réntǐ	인체
免疫力	miǎnyìlì	면역력
抗疲劳	kàngpíláo	항피로
并且	bìngqiě	더욱이
强心健胃	qiángxīn jiànwèi	심장과 위 등을 건강하게 하다
六年根	liù nián gēn	6년근
冲服	chōngfú	(물이나 술 등에) 약을 타 먹다
即	jí	곧, 즉, 바로
养颜	yǎngyán	미용 효과가 있다
携带	xiédài	휴대하다, 지니다
济州岛	Jìzhōudǎo	제주도
清香	qīngxiāng	상쾌한 향기, 맑고 향기롭다

보충단어 补充单词

[식품 종류]

- 红参 — hóngshēn — 홍삼
- 红参精 — hóngshēnjīng — 홍삼진액
- 红参茶 — hóngshēnchá — 홍삼차
- 红参糖 — hóngshēntáng — 홍삼사탕
- 红参切片 — hóngshēn qiēpiàn — 홍삼절편
- 泡菜 — pàocài — 김치
- 海苔 / 紫菜 — hǎitái / zǐcài — 김
- 保健品 — bǎojiànpǐn — 건강 보조 식품
- 综合维生素 — zōnghé wéishēngsù — 종합 비타민
- 深海鱼油 — shēnhǎi yúyóu — 오메가3
- 钙片 — gàipiàn — 칼슘제
- 女性专用营养剂 — nǚxìng zhuānyòng yíngyǎngjì — 여성 전용 영양제
- 巧克力 — qiǎokèlì — 초콜릿
- 柑橘 — gānjú — 감귤

기본문장 基本句型

❶ 我们这里有红参产品，您要哪种？
Wǒmen zhèli yǒu hóngshēn chǎnpǐn, nín yào nǎ zhǒng?
저희 매장에는 홍삼 제품이 있습니다, 어떤 제품이 필요하십니까?

❷ 这种红参精怎么服用？
Zhè zhǒng hóngshēnjīng zěnme fúyòng?
이 홍삼진액은 어떻게 복용하나요?

❸ 这是高纯度的红参浓缩液，每次服用一小勺儿就可以了。
Zhè shì gāo chúndù de hóngshēn nóngsuōyè, měi cì fúyòng yì xiǎo sháor jiù kěyǐ le.
이건 고순도의 홍삼농축액으로, 매번 작은 한 스푼씩 복용하시면 됩니다.

❹ 红参有补气补血的功效，长期服用可以提高人体免疫力。
Hóngshēn yǒu bǔqì bǔxuè de gōngxiào, chángqī fúyòng kěyǐ tígāo réntǐ miǎnyìlì.
홍삼은 보기와 보혈의 효과가 있고, 장기간 복용하면 인체 면역력이 향상됩니다.

❺ 这是六年根的红参茶，里面有100小包。
Zhè shì liù nián gēn de hóngshēnchá, lǐmiàn yǒu yìbǎi xiǎo bāo.
이건 6년근 홍삼차입니다. 안에는 작은 걸로 100포 들어 있습니다.

❻ 每次取一小包用水冲服即可，养颜补气，携带方便。
Měi cì qǔ yì xiǎo bāo yòng shuǐ chōngfú jí kě, yǎngyán bǔqì, xiédài fāngbiàn.
매번 한 포씩 물로 복용하시면 됩니다. 미용 효과가 있고, 기를 보충해 주며, 휴대하기도 편리합니다.

❼ 您还要不要看看这边的巧克力，有各种口味的。
Nín hái yào bu yào kànkan zhè biān de qiǎokèlì, yǒu gè zhǒng kǒuwèi de.
이쪽에 있는 초콜릿도 좀 보시겠습니까? 여러 맛이 있습니다.

❽ 巧克力的味道中含有柑橘的清香，很受欢迎。
Qiǎokèlì de wèidào zhōng hán yǒu gānjú de qīngxiāng, hěn shòu huānyíng.
초콜릿에 감귤의 향긋한 향이 나서 인기가 많습니다.

❾ 这是海苔吗？给我拿两包。
Zhè shì hǎitái ma? Gěi wǒ ná liǎng bāo.
이건 김인가요? 2봉 주세요.

❿ 放在一个包装袋里可以吗？
Fàng zài yí ge bāozhuāngdài li kěyǐ ma?
함께 포장해 드려도 될까요?

회화 会话

顾客 我想看看红参产品。
Wǒ xiǎng kànkan hóngshēn chǎnpǐn.

店员 ❶我们这里有红参茶、红参浓缩液、红参切片、
Wǒmen zhèli yǒu hóngshēnchá, hóngshēn nóngsuōyè, hóngshēn qiēpiàn,
红参糖等等，您要哪种？
hóngshēntáng děngděng, nín yào nǎ zhǒng?

顾客 ❷这种红参精怎么服用？
Zhè zhǒng hóngshēnjīng zěnme fúyòng?

店员 ❸这是高纯度的红参浓缩液，每次服用一小勺儿
Zhè shì gāo chúndù de hóngshēn nóngsuōyè, měi cì fúyòng yì xiǎo sháor
就可以了。❹红参有补气补血的功效，长期服用可以
jiù kěyǐ le. Hóngshēn yǒu bǔqì bǔxuè de gōngxiào, chángqī fúyòng kěyǐ
提高人体免疫力、抗疲劳，并且强心健胃。
tígāo réntǐ miǎnyìlì, kàngpíláo, bìngqiě qiángxīn jiànwèi.

顾客 这是什么？
Zhè shì shénme?

해석

고 객 저는 홍삼 상품을 보고 싶은데요.
점 원 저희 매장에는 홍삼차, 홍삼농축액, 홍삼절편, 홍삼사탕 등이 있는데, 어떤 제품이 필요하십니까?
고 객 이 홍삼진액은 어떻게 복용하나요?
점 원 이건 고순도의 홍삼농축액으로, 매번 작은 한 스푼씩 복용하시면 됩니다.
  홍삼은 보기와 보혈의 효과가 있고, 장기간 복용하시면
  인체 면역력이나 피로를 이겨내는 능력이 향상되고, 심장과 위 등을 강화시키실 수 있습니다.
고 객 이건 뭐예요?

店员　❺这是六年根的红参茶，里面有100小包。❻每次取
　　　Zhè shì liù nián gēn de hóngshēnchá, lǐmiàn yǒu yìbǎi xiǎo bāo. Měi cì qǔ

　　　一小包用水冲服即可，养颜补气，携带方便。
　　　yì xiǎo bāo yòng shuǐ chōngfú jí kě, yǎngyán bǔqì, xiédài fāngbiàn.

顾客　我要四盒这样的红参茶。
　　　Wǒ yào sì hé zhèyàng de hóngshēnchá.

店员　好的。❼您还要不要看看这边的巧克力，
　　　Hǎo de. Nín hái yào bu yào kànkan zhè biān de qiǎokèlì,

　　　有各种口味的。这是济州岛柑橘巧克力，
　　　yǒu gè zhǒng kǒuwèi de. Zhè shì Jìzhōudǎo gānjú qiǎokèlì,

　　　❽巧克力的味道中含有柑橘的清香，很受欢迎。
　　　qiǎokèlì de wèidào zhōng hán yǒu gānjú de qīngxiāng, hěn shòu huānyíng.

顾客　巧克力就不要了。❾这是海苔吗？给我拿两包。
　　　Qiǎokèlì jiù búyào le. Zhè shì hǎitái ma? Gěi wǒ ná liǎng bāo.

店员　好的。❿放在一个包装袋里可以吗？
　　　Hǎo de. Fàng zài yí ge bāozhuāngdài li kěyǐ ma?

顾客　可以。
　　　Kěyǐ.

해석

점원　이건 6년근 홍삼차입니다. 안에는 작은 걸로 100포 들어 있습니다.
　　　매번 한 포씩 물로 복용하시면 됩니다. 미용 효과도 있고, 기를 보충해 주며, 휴대하기도 편리합니다.
고객　저는 이런 홍삼차 4박스 필요해요.
점원　좋습니다. 이쪽에 있는 초콜릿도 좀 보시겠습니까?
　　　여러 맛이 있습니다. 이것은 제주도 감귤초콜릿으로
　　　초콜릿에 감귤의 향긋한 향이 나서 인기가 많습니다.
고객　초콜릿은 필요 없습니다. 이건 김인가요? 2봉 주세요.
점원　네, 알겠습니다. 함께 포장해 드려도 될까요?
고객　네, 그렇게 해 주세요.

연습문제 练习

1 다음 중국어를 듣고 대화의 내용과 일치하는 사진을 찾아 쓰세요.

① (　　　)　② (　　　)　③ (　　　)　④ (　　　)　⑤ (　　　)

2 다음을 듣고 빈칸에 알맞은 중국어를 채우세요.

顾客　我想看看(　①　)产品。

店员　我们这里有红参茶、红参浓缩液、红参切片、红参糖等等，您要哪种？

顾客　这种红参精怎么(　②　)？

店员　这是(　③　)的红参浓缩液，每次服用一小勺儿就可以了。红参有补气补血的功效，长期服用可以(　④　)人体免疫力、抗疲劳，并且强心健胃。

顾客　这是什么？

店员　这是六年根的红参茶。里面有100小包，每次取一小包用水(　⑤　)即可，养颜补气，携带(　⑥　)。

3 다음 빈칸을 채우세요.

번호	중국어	발음과 성조	한국어 뜻	번호	중국어	발음과 성조	한국어 뜻
1			홍삼	2	养颜		
3			향상시키다	4	抗疲劳		
5			제주도	6	免疫力		
7	浓缩液			8			김
9	冲服			10			복용하다

4 다음 각 문장과 연결될 수 있는 내용을 A~E에서 찾아 쓰세요.

> A. 这里有各种红参产品，您要哪种?
> B. 这是什么?
> C. 您要不要看看这边的巧克力?
> D. 放在一个包装袋里可以吗?
> E. 您要几包海苔?

① 巧克力就不要了。　　　(　　)

② 可以。　　　(　　)

③ 要十包。　　　(　　)

④ 我要四盒红参茶。　　　(　　)

⑤ 那是六年根的红参切片。　　　(　　)

연습문제 练习

5 다음 한국어 문장을 중국어로 번역해서 쓰세요.

① 저희 매장에는 홍삼 제품이 있습니다, 어떤 제품이 필요하십니까?
   → _____

② 이 홍삼진액은 어떻게 복용하나요?
   → _____

③ 이건 고순도의 홍삼농축액으로, 매번 작은 한 스푼씩 복용하시면 됩니다.
   → _____

④ 홍삼은 보기와 보혈의 효과가 있고, 장기간 복용하면 인체 면역력이 향상됩니다.
   → _____

⑤ 이건 6년근 홍삼차입니다. 안에는 작은 걸로 100포 들어 있습니다.
   → _____

⑥ 매번 한 포씩 물로 복용하시면 됩니다. 미용 효과가 있고, 기를 보충해 주며, 휴대하기도 편리합니다.
   → _____

⑦ 이쪽에 있는 초콜릿도 좀 보시겠습니까? 여러 맛이 있습니다.
   → _____

⑧ 초콜릿에 감귤의 향긋한 향이 나서 인기가 많습니다.
   → _____

⑨ 이건 김인가요? 2봉 주세요.
   → _____

⑩ 함께 포장해 드려도 될까요?
   → _____

6 상황별 말하기 연습

홍삼진액의 장점을 중국어로 설명해 주세요.

→

참고단어

高纯度 gāo chúndù 고순도
红参 hóngshēn 홍삼
浓缩液 nóngsuōyè 농축액
服用 fúyòng 복용(하다)
勺儿 sháor 스푼
补气 bǔ//qì 기를 보충하다
补血 bǔ//xuè 보혈하다

功效 gōngxiào 효능, 효과
提高 tí//gāo 향상시키다
人体免疫力 réntǐ miǎnyìlì 인체 면역력
抗疲劳 kàngpíláo 항피로
并且 bìngqiě 더욱이
强心健胃 qiángxīn jiànwèi 심장과 위 등을 건강하게 하다

취업 선배의 한마디

작년부터 면세점에서 중화권 고객 매출이 전체 매출의 절반 이상을 차지할 만큼 주 고객층이 되었으나, 기존부터 오래 근무해온 대부분의 직원들이 일본어 전공이다 보니 통역도우미 직원 없이 중국인 고객을 응대하기가 쉽지 않은 것이 현실입니다. 이번 〈면세점 필수 중국어〉 출간을 통해 중국어를 좀 더 전문적으로 공부할 수 있고, 바로 현장에서 적용할 수 있는 면세점에서만 사용하는 실용적인 중국어를 접할 수 있어 매우 기쁩니다.

대학교 졸업하고 사회 생활의 기대감과 떨리는 마음으로 면접 보던 일이 생각이 나네요. 서서 일하는 직업이다 보니 어느 정도의 체력도 필요하고, 휴일도 스케줄 근무로 자유롭지 못합니다. 예쁘게 유니폼 입고 메이크업 하고 있지만, 보는 것처럼 화려하지도 않습니다. 하지만 남녀 차별 받지 않고 근무할 수 있으며 성장할 수 있는 곳이기도 합니다. 밝은 미소를 가진 여러분! 열정 있는 분이라면 두 팔 벌려 환영합니다. 환잉광린!!

김소영
신라면세점
L브랜드 근무 중

안녕하세요?

저는 동화 면세점 R브랜드에서 근무하고 있는 원진아라고 합니다. 처음 일을 시작할 때 처음 배우는 일에 대한 어려움과 두려움도 있었지만 저의 전공인 중국어에도 많은 어려움이 있었습니다. 중국인이 하는 말은 너무 빨라서 아는 단어인데도 들리지 않을 때가 많습니다. 저도 일을 하면서 많이 부족하다는 것을 느끼고 단어 공부와 듣기 연습을 많이 합니다. 또한, 중국인과 대화를 끝까지 이어가려 노력합니다. 자신이 부족하다고 느끼고 자신감마저 잃으면 아무것도 할 수 없습니다.

자신감을 가지세요~~!

그리고 면세점이다 보니 중국인 외에도 많은 나라의 관광객이 옵니다. 난생 처음 접하는 나라의 관광객은 당황스럽기까지 합니다. 그러기에 후배 여러분은 중국어와 영어 공부를 틈틈이 그리고 끊임없이 열심히 하시길 바랍니다. 파이팅!

원진아
동화면세점
R브랜드 근무 중

- 연습문제 듣기 원문 및 정답
- 브랜드명
- 과별 색인
- 병음 색인

연습문제 듣기 원문 및 정답

01 면세점 이용 안내 (공항 면세점)

1 ① C ② A ③ E ④ B ⑤ D

듣기 원문
① 欢迎光临**免税店。
② 您是用现金还是信用卡?
③ 这是发票,请拿好。
④ 请出示一下您的护照和登机牌。
⑤ 不好意思,开封后的商品不能退货。

2 ① 现金 ② 信用卡 ③ 刷卡 ④ 发票
　　⑤ 退货 ⑥ 换货 ⑦ 发票

듣기 원문
店员　您是用现金还是信用卡?
顾客　刷卡吧。
店员　好,这是发票,请拿好。如果您需要退货或者换货,请带着发票到您结账的这个柜台来。
顾客　好的,谢谢!
店员　不客气!欢迎再次光临!

3

번호	중국어	발음과 성조	한국어 번역
1	免税店	miǎnshuìdiàn	면세점
2	信用卡	xìnyòngkǎ	신용카드
3	欢迎	huānyíng	환영하다
4	结账	jiézhàng	결제하다
5	刷卡	shuākǎ	카드로 계산하다
6	护照	hùzhào	여권
7	登机牌	dēngjīpái	탑승권
8	退货	tuìhuò	(상품을) 환불하다
9	换货	huànhuò	(상품을) 교환하다
10	另外	lìngwài	그 밖의

4 ① C ② A ③ B ④ E ⑤ D

5 ① 欢迎光临△△免税店!
② 请问,您想买点儿什么?
③ 请到这边来,这边都是人参茶。
④ 这种是我们店里卖得最好的。
⑤ 请到这边来结账。
⑥ 请出示一下您的护照和登机牌。
⑦ 您是用现金还是信用卡?
⑧ 这是发票,请拿好。
⑨ 如果您需要退货或者换货,请带着发票到您结账的这个柜台来。
⑩ 开封或使用后的商品不能退货。

6 如果您需要退货或者换货,请带着发票到您结账的这个柜台来。另外请注意,开封或使用后的商品不能退货。

02 면세점 이용 안내 (시내 면세점)

1 ① D ② C ③ B ④ E ⑤ A

듣기 원문
① 韩国特产可以当时领取。
② 请拿好发票和取货单。
③ 这些都是新商品吗?
④ 这边是打折商品。
⑤ 在这边结账。

2 ① 发票 ② 取货单 ③ 领取 ④ 海关法
　　⑤ 只有 ⑥ 当时 ⑦ 谅解

듣기 원문

店员　请拿好发票和取货单，您离境时在机场的商品领取处领取就可以了。
顾客　为什么我现在不能拿走？
店员　对不起，这是韩国海关法的规定，外国人在市内免税店购物的话，只有韩国特产可以当时领取，别的商品都要在机场的商品领取处领取。请您谅解。
顾客　好的，再见！
店员　请走好！欢迎再次光临！

3

번호	중국어	발음과 성조	한국어 번역
1	售货员	shòuhuòyuán	판매원
2	领取处	lǐngqǔchù	물품 인도장
3	购物	gòuwù	물품을 구매하다
4	看中	kànzhòng	(보고) 마음에 들다
5	谅解	liàngjiě	양해하다, 이해하다
6	新商品	xīn shāngpǐn	신상품
7	海关法	hǎiguānfǎ	세관법
8	离境	líjìng	출국하다
9	久等	jiǔ děng	오래 기다리다
10	规定	guīdìng	규정

4　①E　②A　③B　④C　⑤D

5
① 请问，有什么可以帮您的吗？
② 我去找专柜销售员过来。
③ 对不起，让您久等了。
④ 请问，有看中的吗？
⑤ 这边是打折商品，新商品在那边。

⑥ 请拿好发票和取货单，您离境时在机场的商品领取处领取就可以了。
⑦ 我们会把您购买的商品送到机场的商品领取处。
⑧ 为什么我现在不能拿走？
⑨ 这是韩国海关法的规定，请您谅解。
⑩ 外国人在市内免税店购物的话，只有韩国特产可以当时领取。

6　这是韩国海关法的规定，在市内免税店购物的话，只有韩国特产可以当时领取，别的商品都要在机场的商品领取处领取。请您谅解。

03 가격

1　①E　②B　③C　④A　⑤D

듣기 원문
① 换算成韩币是多少钱？
② 您付美元还是韩币？
③ 这种是45美元的。
④ 贵了点儿，有没有便宜点儿的？
⑤ 这里可以用中国的银联卡结账。

2　① 多少钱　② 美元　③ 成　④ 多少钱
　　⑤ 大约　⑥ 便宜　⑦ 美元　⑧ 美元
　　⑨ 美元

듣기 원문
顾客　这个多少钱？
店员　这种是45美元的。
顾客　换算成韩币是多少钱？
店员　大约四万八千元韩币多一点儿。
顾客　贵了点儿，有没有便宜点儿的？
店员　您看看这种，这种是一盒13美元，三盒35美元的。
顾客　好吧，给我拿三盒35美元的。

연습문제 듣기 원문 및 정답

3

번호	중국어	발음과 성조	한국어 번역
1	换算	huànsuàn	환산하다
2	随便	suíbiàn	마음대로
3	找	zhǎo	거슬러 주다
4	美元	měiyuán	달러
5	韩币 / 韩元	hánbì / hányuán	한화
6	推荐	tuījiàn	추천하다
7	付	fù	지불하다
8	不够	búgòu	모자라다
9	大约	dàyuē	대략, 약
10	银联卡	Yínliánkǎ	은련카드

4 ① E ② D ③ C ④ A ⑤ B

5
① 请随便看看！
② 能给我推荐一下吗？
③ 换算成韩币是多少钱？
④ 大约四万八千元韩币多一点儿。
⑤ 贵了点儿，有没有便宜点儿的。
⑥ 这种是一盒13美元，三盒35美元的。
⑦ 收您50美元，找您15美元。
⑧ 您付美元还是韩币？
⑨ 我的韩币可能不够了，可以用中国的卡结账吗？
⑩ 这里可以用中国的银联卡结账。

6 这里可以用中国的银联卡结账。 / 韩币不够的话，您可以用中国的信用卡结账。

04 화장품(1)

1 ① D ② E ③ B ④ C ⑤ A

듣기 원문
① 这款精华液有收缩毛孔的功能。
② 这款眼霜去皱效果特别好。
③ 每样给我拿三个吧。
④ 都要包装吗？
⑤ 您跟我来，这边都是防晒霜。

2 ① 另外 ② 朋友 ③ 防晒指数 ④ 隔离
⑤ 适合 ⑥ 也

듣기 원문
顾客　另外我想带点儿防晒霜什么的送朋友。
店员　这种防晒指数很高，能长时间隔离紫外线，适合户外活动。这种比较清爽，不粘也不油腻。

3

번호	중국어	발음과 성조	한국어 번역
1	效果	xiàoguǒ	효과
2	油性	yóuxìng	지성
3	去斑 / 祛斑	qùbān / qūbān	기미를 제거하다
4	去皱	qùzhòu	주름을 없애다
5	功能	gōngnéng	기능, 효능
6	保湿	bǎoshī	보습
7	眼霜	yǎnshuāng	아이크림
8	收缩	shōusuō	수축하다
9	隔离	gélí	격리하다
10	干性	gānxìng	건성

4 ① D   ② B   ③ C   ④ E   ⑤ A

5 ① 我想买一瓶效果好点儿的眼霜和精华液。
② 您的皮肤是干性的还是油性的?
③ 这个牌子的眼霜去皱效果特别好，而且可以长时间保湿。
④ 这种不但可以祛斑，还有收缩毛孔的功能。
⑤ 另外我想带点儿防晒霜什么的送朋友。
⑥ 这种防晒霜的防晒指数很高，能长时间隔离紫外线，适合户外活动。
⑦ 这种比较清爽，不粘也不油腻。
⑧ 每样给我拿三个吧。
⑨ 都要单独包装吗?
⑩ 请包装得漂亮点儿。

6 这种防晒霜的防晒指数很高，能长时间隔离紫外线，适合户外活动。这种比较清爽，不粘也不油腻。

05 화장품(2)

1 ① A   ② E   ③ D   ④ C   ⑤ B

듣기 원문
① 这款是纯植物成分的。
② 它是乳液状的。
③ 我妈妈60岁，她确实很为皱纹烦恼。
④ 这种应该适合您，持久保湿。
⑤ 这款不含酒精。

2 ① 过敏   ② 成分   ③ 含   ④ 保湿
⑤ 起来   ⑥ 套

듣기 원문
顾客　你们这里有适合敏感性皮肤的护肤品吗?
店员　有，是您本人用吗?
顾客　是的。我皮肤很薄，很容易过敏，而且常常感觉很干。
店员　那么这种应该适合您，纯植物成分，不含酒精，很温和，而且持久保湿。
顾客　听起来不错。我还想给我妈妈买一套基础护肤品。

3

번호	중국어	발음과 성조	한국어 번역
1	敏感性	mǐngǎnxìng	민감성
2	酒精	jiǔjīng	알코올
3	持久	chíjiǔ	오래 유지되다
4	温和	wēnhé	온화하다
5	建议	jiànyì	건의하다
6	成分	chéngfèn	성분
7	提升	tíshēng	높아지다
8	偏	piān	치우치다, 편향되다
9	确实	quèshí	확실히
10	含水量	hánshuǐliàng	수분 함량

4 ① C   ② E   ③ D   ④ A   ⑤ B

5 ① 这里有适合敏感性皮肤的护肤品吗?
② 我皮肤很薄，很容易过敏，而且常常感觉很干。
③ 这种应该适合您。

연습문제 듣기 원문 및 정답

④ 这种不含酒精，很温和，而且持久保湿。
⑤ 我妈妈皮肤偏干。
⑥ 皮肤需要深度滋养才行。
⑦ 干性皮肤很容易产生皱纹。
⑧ 这种护肤品有抗氧化的功能，能有效预防皮肤衰老。
⑨ 它是乳液状的，使用后有润润的感觉，但是一点儿也不油腻。
⑩ 那你各拿一套给我吧。

6 50岁的话，皮肤需要深度滋养才行。而且干性皮肤很容易产生皱纹，所以要配合使用去皱的产品。这种护肤品蕴含活肤成分不但能提升皮肤含水量，还有抗氧化的功能，能有效预防皮肤衰老。

06 향수

1 ① D ② E ③ A ④ B ⑤ C

듣기 원문
① 有没有比这个淡点儿的香水?
② 这款香水适合年轻女孩儿。
③ 这款最适合职业女性。
④ 这种是果香型，给人的感觉比较甜美。
⑤ 这种适合晚会上使用。

2 ① 闻 ② 可以 ③ 可以 ④ 受
⑤ 欢迎 ⑥ 可爱

듣기 원문
顾客 旁边的这种也给我闻一下，可以吗?
店员 当然可以。这种是果香型的，给人的感觉比较甜美。这款很受年轻女孩儿的欢迎。
顾客 我要一瓶，这种应该很适合我妹妹，粉红色的瓶子也很可爱。

3

번호	중국어	발음과 성조	한국어 번역
1	清淡	qīngdàn	산뜻하다
2	晚会	wǎnhuì	디너 파티
3	闻	wén	향을 맡다
4	果香型	guǒxiāngxíng	과일향
5	浓郁	nóngyù	짙다
6	甜美	tiánměi	달콤하다
7	神秘	shénmì	신비하다
8	香味(儿)	xiāngwèi(r)	향기
9	职业	zhíyè	직업
10	高雅	gāoyǎ	우아하다

4 ① C ② D ③ E ④ A ⑤ B

5 ① 我看您的气质，花香型的应该很适合您。
② 您是喜欢淡点儿的香型还是浓点儿的香型?
③ 香味儿清淡高雅，最适合职业女性。
④ 旁边的这种也给我闻一下，可以吗?
⑤ 这种比较浓郁的香水适合晚上使用，比如参加晚会的时候。
⑥ 香味儿虽然很淡，但是给人一种神秘的感觉，而且香味儿非常持久。
⑦ 这是什么香味儿的?
⑧ 这种是果香型的，给人的感觉比较甜美。
⑨ 这款很受年轻女孩儿的欢迎。
⑩ 这种应该很适合我妹妹，粉红色的瓶子也很可爱。

6 这种是果香型的，给人的感觉比较甜美。这款很受年轻女孩儿的欢迎，粉红色的瓶子也很可爱。

07 가방

1 ① B ② A ③ D ④ C ⑤ E

듣기 원문
① 这款小巧精致。
② 这款容量很大，里面有很多口袋。
③ 您试背一下。
④ 这是牛皮的。
⑤ 这款有黑色和棕色两种颜色。

2 ① 什么 ② 小巧精致 ③ 配 ④ 气质
   ⑤ 不过 ⑥ 除了 ⑦ 还

듣기 원문
顾客 这个包是什么皮的？
店员 牛皮的，是今年的新款。小巧精致，特别配您的气质。
顾客 是很漂亮。不过我想买个更实用的。
店员 那您看看这种，包的容量很大，里面有很多小口袋，实用又大方。
顾客 就只有这一种颜色的吗？
店员 除了黑色的，还有棕色的和米色的。

3

번호	중국어	발음과 성조	한국어 번역
1	小巧精致	xiǎoqiǎo jīngzhì	매우 정교하다
2	实用	shíyòng	실용적이다
3	口袋	kǒudài	주머니
4	结实	jiēshi	튼튼하다
5	牛皮	niúpí	소가죽
6	凉快	liángkuai	시원하다
7	大方	dàfang	(스타일이나 색 따위가) 고상하다, 점잖다, 세련되다
8	质量	zhìliàng	품질
9	显得	xiǎnde	드러나다
10	容量	róngliàng	용량

4 ① B ② D ③ A ④ E ⑤ C

5 ① 这个包是什么皮的？
   ② 这是今年的新款。小巧精致，特别配您的气质。
   ③ 我想买个更实用的。
   ④ 这种包容量很大，里面有很多小口袋，实用又大方。
   ⑤ 就只有这一种颜色的吗？
   ⑥ 除了黑色的，还有棕色的和米色的。
   ⑦ 您试背一下看看。
   ⑧ 颜色是不是太深了？
   ⑨ 那您换这个米色的试试。
   ⑩ 夏天背这种颜色显得更凉快些。

6 这种包容量很大，里面有很多小口袋，实用又大方，很适合大学女生。

08 의류

1 ① B ② A ③ D ④ C ⑤ E

연습문제 듣기 원문 및 정답

듣기 원문
① 这一款颜色太亮了。
② 喜欢的话可以试穿。
③ 把这件连衣裙给我看看，好吗?
④ 真丝制品不能退换。
⑤ 这种面料只能干洗。

2 ① 觉得 ② 觉得 ③ 一亮 ④ 好像
  ⑤ 精神 ⑥ 比 ⑦ 真丝 ⑧ 真丝
  ⑨ 退换

듣기 원문
店员　我觉得很好看啊！您刚才出来时，我觉得眼前一亮呢。
顾客　可是我这个年纪好像不太适合。
店员　不会的，您照照镜子，多精神啊！比刚才看起来年轻多了！
顾客　好吧，那就买这件吧。
店员　这是真丝面料的，不能水洗，只能干洗。而且真丝制品不能退换，所以请您一定看好。

3

번호	중국어	발음과 성조	한국어 번역
1	镜子	jìngzi	거울
2	一定	yídìng	반드시
3	面料	miànliào	원단
4	连衣裙	liányīqún	원피스
5	干洗	gānxǐ	드라이클리닝
6	年纪	niánjì	나이
7	水洗	shuǐxǐ	물세탁
8	精神	jīngshen	기운, 생기
9	大小	dàxiǎo	크기
10	真丝	zhēnsī	비단, 슬크

4 ① B ② D ③ A ④ E ⑤ C

5 ① 喜欢的话可以试穿。
② 把这件连衣裙拿给我看看，好吗?
③ 请问，您穿什么/多大号的?
④ 这是M的，试衣间在那边。
⑤ 大小倒(是)很合适，就是颜色太亮了。
⑥ 您刚才出来时，我觉得眼前一亮呢。
⑦ 可是我这个年纪好像不太适合。
⑧ 比刚才看起来年轻多了！
⑨ 这是真丝面料的，不能水洗，只能干洗。
⑩ 真丝制品不能退换。

6 这是真丝面料的，不能水洗，只能干洗。而且真丝制品不能退换，所以请您一定看好。

09 담배와 주류

1 ① A ② D ③ E ④ C ⑤ B

듣기 원문
① 我想看看烟。
② 这是法国南部生产的一级红酒。
③ 现在有免费品尝的活动，请尝一下。
④ 覆盆子酒对身体很好。
⑤ 中华烟每人限购一条。

2 ① 生产 ② 味道 ③ 就是 ④ 特有
  ⑤ 以 ⑥ 为 ⑦ 味道 ⑧ 对
  ⑨ 很好 ⑩ 喜爱

듣기 원문

店员　这是法国南部生产的一级红酒，味道浓郁，冰镇后饮用口感更好。
顾客　好是好，就是贵了点儿。这是韩国的红酒吗？
店员　这是韩国特有的覆盆子酒，是以新鲜的覆盆子为原料制造的果酒。味道带点儿甜味儿，对身体也很好，很受女性和老年人的喜爱。

3

번호	중국어	발음과 성조	한국어 번역
1	口感	kǒugǎn	입맛(입과 입안에 느껴지는 느낌 및 맛)
2	饮用	yǐnyòng	마시다
3	生产	shēngchǎn	생산하다
4	品牌	pǐnpái	상표
5	免费	miǎnfèi	무료
6	原料	yuánliào	원료
7	限购	xiàngòu	구매 제한
8	根据	gēnjù	~에 근거하다
9	制造	zhìzào	제조하다
10	醇厚	chúnhòu	깔끔하고 진하다

4　① D　② E　③ B　④ C　⑤ A

5　① 这边是韩国烟，这边是中国烟，这边是美国和欧洲的。
② 中华烟每人限购一条。
③ 现在有免费品尝活动，请尝一尝。
④ 这酒的口感不错，这些都是一样的味道吗？
⑤ 虽然品牌相同，但是根据年份不同，味道也有些不一样。
⑥ 年份越久，味道越醇厚。
⑦ 这是法国南部生产的一级红酒，味道浓郁。
⑧ 冰镇后饮用的话口感更好。
⑨ 覆盆子酒是以新鲜的覆盆子为原料制造的果酒。
⑩ 味道带点儿甜味儿，对身体也很好，很受女性和老年人的喜爱。

6　这是韩国特有的覆盆子酒，是以新鲜的覆盆子为原料制造的果酒。味道带点儿甜味儿，对身体也很好，很受女性和老年人的喜爱。

10 식품류

1　① E　② B　③ C　④ A　⑤ D

듣기 원문
① 这是六年根的红参精。
② 这种人参茶是100小包装的。
③ 这是济州岛的柑橘巧克力。
④ 您要不要红参糖？
⑤ 海苔给我拿两包。

2　① 红参　② 服用　③ 高纯度　④ 提高
　　⑤ 冲服　⑥ 方便

연습문제 듣기 원문 및 정답

듣기 원문

顾客　我想看看红参产品。
店员　我们这里有红参茶、红参浓缩液、红参切片、红参糖等等，您要哪种?
顾客　这种红参精怎么服用?
店员　这是高纯度的红参浓缩液，每次服用一小勺儿就可以了。红参有补气补血的功效，长期服用可以提高人体免疫力、抗疲劳，并且强心健胃。
顾客　这是什么?
店员　这是六年根的红参茶。里面有100小包，每次取一小包用水冲服即可，养颜补气，携带方便。

③ 这是高纯度的红参浓缩液，每次服用一小勺儿就可以了。
④ 红参有补气补血的功效，长期服用可以提高人体免疫力。
⑤ 这是六年根的红参茶，里面有100小包。
⑥ 每次取一小包用水冲服即可，养颜补气，携带方便。
⑦ 您还要不要看看这边的巧克力，有各种口味的。
⑧ 巧克力的味道中含有柑橘的清香，很受欢迎。
⑨ 这是海苔吗? 给我拿两包。
⑩ 放在一个包装袋里可以吗?

3

번호	중국어	발음과 성조	한국어 번역
1	红参	hóngshēn	홍삼
2	养颜	yǎngyán	미용 효과가 있다
3	提高	tígāo	향상시키다
4	抗疲劳	kàngpíláo	항피로
5	济州岛	Jìzhōudǎo	제주도
6	免疫力	miǎnyìlì	면역력
7	浓缩液	nóngsuōyè	농축액
8	海苔 / 紫菜	hǎitái / zǐcài	김
9	冲服	chōngfú	(물이나 술 등에) 약을 타 먹다
10	服用	fúyòng	복용하다

6 这是高纯度的红参浓缩液，每次服用一小勺儿就可以了。 红参有补气补血的功效，长期服用可以提高人体免疫力、抗疲劳，并且强心健胃。

4　① C　② D　③ E　④ A　⑤ B

5　① 我们这里有红参产品，您要哪种?
　　② 这种红参精怎么服用?

브랜드명

화장품 & 향수

香奈儿 Xiāngàiěr 샤넬(CHANEL)
迪奥 Díào (크리스챤)디올(C.DIOR)
博柏利 Bóbǎilì 버버리(BURBERRY)
兰蔻 Lánkòu 랑콤(LANCOME)
雅诗兰黛 Yǎshīlándài 에스티로더(ESTEE LAUDER)
资生堂 Zīshēngtáng 시세이도(SHISEIDO)
希思黎 Xīsīlí 시슬리(SISLEY)
倩碧 Qiànbì 클리니크(CLINIQUE)
碧欧泉 Bìōuquán 비오뎀(BIOTHERM)
赫莲娜 Hèliánnà 헬레나 루빈스타인(HR)
　　　　　　　　(HELENA RUBINSTEIN)
伊丽莎白・雅顿 Yīlìshābái・Yǎdùn
　　　　　　엘리자베스아덴(ELIZABETH ARDEN)
毕扬 Bìyáng 비잔(BIJAN)
欢乐 Huānlè 조이(JOY)
蒂芙尼 Dìfúní 티파니(TIFFANY)
迪娃 Díwá 디바(Diva)
圣罗兰 Shèngluólán 입센 로랑(YSL)
　　　　　　(Yves Saint Laurent)
欧舒丹 Ōushūdān 록시땅(L'OCCITANE)
高田贤三 Gāotiánxiánsān 겐조(KENZO)
古驰 Gǔqí 구찌(GUCCI)
宝格丽 Bǎogélì 불가리(BVLGARI)
爱茉莉 Àimòlì 아모레(AMORE)
雪花秀 Xuěhuāxiù 설화수(SULWHASOO)
赫拉 Hèlā 헤라(HERA)
梦妆 Mèngzhuāng 마몽드(MAMONDE)
兰芝 Lánzhī 라네즈(LANEIGE)
悦诗风吟 Yuèshīfēngyín 이니스프리(INNISFREE)
思亲肤 Sīqīnfū 스킨푸드(SKIN FOOD)
魔法森林 Mófǎsēnlín 토니모리(TONY MOLY)
菲诗小铺 Fēishīxiǎopù 더페이스샵
　　　　　　(THE FACE SHOP)
爱丽(小屋) Àilì(xiǎowū) 에뛰드(하우스)
　　　　　　(ETUDE HOUSE)
迷尚 Míshàng 미샤(MISSHA)
美体小铺 Měitǐxiǎopù 더바디샵(THE BODY SHOP)
欧蕙 Ōuhuì 오휘(O HUL)
艾诺碧 Āinuòbì 아이오페(IOPE)
自然乐园 Zìránlèyuán 네이처리퍼블릭
　　　　　　(Nature Republic)
美迪惠尔 Měidíhuìěr 메디힐(MEDI HEAL)
奇迹 Qíjī 게리쏭(GUERISSON)
伊思 Yīsī 잇츠스킨(IT'S SKIN)
Whoo后 Whoo hòu 후(Whoo)

가방 & 의류

香奈儿 Xiāngàiěr 샤넬(CHANEL)
路易威登 Lùyìwēidēng 루이비통(LOUIS VUITTON)
迪奥 Díào (크리스챤)디올(C.DIOR)
博柏利 Bóbǎilì 버버리(BURBERRY)
普拉达 Pǔlādá 프라다(PRADA)
范思哲 Fànsīzhé 베르사체(VERSACE)
纪梵希 Jìfánxī 지방시(GIVENCHY)
高田贤三 Gāotiánxiánsān 겐조(KENZO)
古驰 Gǔqí 구찌(GUCCI)
雷朋 Léipéng 레이밴(RAYBAN)
巴利 Bālì 발리(BALLY)
宝格丽 Bǎogélì 불가리(BVLGARI)
登喜路 Dēngxǐlù 던힐(DUNHILL)
蒂芙尼 Dìfúní 티파니(TIFFANY)
浪凡 Làngfán 랑방(LANVIN)
赛琳 Sàilín 셀린느(CELINE)

브랜드명

담배와 주류

1. 담배

万宝路 **Wànbǎolù** 말보로(MARLBORO)

骆驼 **Luòtuo** 카멜(CAMEL)

三五 **Sānwǔ** 555

大卫杜夫 **Dàwèidùfū** 다비도프(DAVIDOFF)

箭牌 **Jiànpái** 켄트(KENT)

爱喜 **Àixǐ** 에쎄(ESSE)

阿里郎 **Ālǐláng** 아리랑(Arirang)

中华(中国名烟) **Zhōnghuá** 중화

红塔山(中国名烟) **Hóngtǎshān** 홍타산

玉溪(中国名烟) **Yùxī** 위시

2. 주류

尊尼获加 **Zūnníhuòjiā** 조니 워커(JOHNNIE WALKER)

绝对伏特加 **Juéduìfútèjiā** 엡솔루트(ABSOLUT)

杰克丹尼 **Jiékèdānní** 잭 다니엘스(JACK DANIELS)

马爹利 **Mǎdiēlì** 마르텔(MARTELL)

人头马 **Réntóumǎ** 레미 마르탱(REMY MARTIN)

轩尼诗 **Xuānníshī** 헤네시(HENNESSY)

芝华士 **Zhīhuáshì** 치바스(CHIVAS)

百龄坛 **Bǎilíngtán** 발렌타인(BALLANTINE's)

真露 **Zhēnlù** 참이슬(CHAMISUL)

宝海 **Bǎohǎi** 보해(BOHAE)

茅台(中国名酒) **Máotái** 마오타이

五粮液(中国名酒) **Wǔliángyè** 우량예

水井坊(中国名酒) **Shuǐjǐngfáng** 수이징팡(수정방)

시계

爱马仕 **Àimǎshì** 에르메스(HERMES)

安普里奥 阿玛尼 **Ānpǔlǐào · Āmǎní**
엠프리오 아르마니(EMPORIO ARMANI)

博柏利 **Bóbǎilì** 버버리(BURBERRY)

芬迪 **Fēndí** 펜디(FENDI)

古驰 **Gǔqí** 구찌(GUCCI)

卡西欧 **Kǎxī'ōu** 카시오(CASIO)

寇驰 **Kòuchí** 코치(COACH)

劳力士 **Láolìshì** 로렉스(ROLEX)

雷达 **Léidá** 라도(RADO)

欧米笳 **Ōumǐjiā** 오메가(OMEGA)

斯沃琪 **Sīwòqí** 스와치(SWATCH)

과별 색인

01 면세점 이용 안내 (공항 면세점)

店员 diànyuán 점원
顾客 gùkè 고객
欢迎 huānyíng 환영하다
光临 guānglín 왕림하다
免税店 miǎnshuìdiàn 면세점
结账 jié//zhàng 결제하다
出示 chūshì 제시하다
护照 hùzhào 여권
登机牌 dēngjīpái 탑승권
现金 xiànjīn 현금
信用卡 xìnyòngkǎ 신용카드
刷卡 shuā//kǎ 카드로 결제하다
签字 qiān//zì 서명하다
发票 fāpiào 영수증
退货 tuì//huò (상품을) 환불하다
换货 huàn//huò (상품을) 교환하다
柜台 guìtái 계산대
另外 lìngwài 그 밖의
注意 zhù//yì 주의하다
开封 kāi//fēng 개봉하다
使用 shǐyòng 사용하다
商品 shāngpǐn 상품
再次 zàicì 재차, 다시

보충단어 - 제품 종류

化妆品 huàzhuāngpǐn 화장품
香水 xiāngshuǐ 향수
包 bāo 가방
服装 fúzhuāng 의류
手表 shǒubiǎo 손목시계
钢笔 gāngbǐ 펜, 만년필
烟 yān 담배
酒 jiǔ 술
食品 shípǐn 식품

人参制品 rénshēn zhìpǐn 인삼 제품
电子产品 diànzǐ chǎnpǐn 전자 제품
笔记本电脑 bǐjìběn diànnǎo 노트북 컴퓨터
数码照相机 shùmǎ zhàoxiàngjī 디지털 카메라

02 면세점 이용 안내 (시내 면세점)

销售员 xiāoshòuyuán 판매원
(售货员 shòuhuòyuán 판매원)
专柜销售员 zhuānguì xiāoshòuyuán 담당판매원
久等 jiǔ děng 오래 기다리다
看中 kànzhòng (보고) 마음에 들다
新商品 xīn shāngpǐn 신상품
打折 dǎ//zhé 할인하다
取货单 qǔhuòdān 구매 상품 교환권
购买 gòumǎi 구매하다
领取处 lǐngqǔchù 물품 인도장
离境 líjìng 출국하다
领取 lǐngqǔ 수령하다
海关法 hǎiguānfǎ 세관법
规定 guīdìng 규정
购物 gòu//wù 물품을 구매하다
特产 tèchǎn 특산품
当时 dāngshí 그때, 당시
谅解 liàngjiě 양해하다, 이해하다

보충단어 - 양사

盒 hé 개, 곽 (뚜껑이 있는 상자를 세는 양사)
瓶 píng 병 (병을 세는 양사)
件 jiàn 건, 개 (일, 선물, 상의 등 옷을 세는 양사)
支 zhī 자루 (자루를 세는 양사)
套 tào 세트, 벌 (세트를 세는 양사)
包 bāo 봉투 (봉투 혹은 봉투 포장된 물건을 세는 양사)
对 duì 쌍 (남녀 혹은 한 쌍으로 되어 있는 물건을 세는 양사)
副 fù 쌍, 개 (신체 착용 양사)

과별 색인

双 shuāng 쌍 (왼쪽, 오른쪽 한 쌍으로 되어 있는 물건을 세는 양사)
台 tái 대 (전자 제품을 세는 양사)
条 tiáo 벌, 보루 (바지나 치마 등 하의, 담배 보루를 세는 양사)
份 fèn 벌, 세트 (배합하여 한 벌이 되는 것을 세는 양사)

厘米 / 公分 límǐ / gōngfēn 센티미터(cm)
毫米 háomǐ 밀리미터(mm)
公斤 gōngjīn 킬로그램(kg)
克 kè 그램(g)
宽 kuān 너비
长 cháng 높이

03 가격

随便 suíbiàn 마음대로
推荐 tuījiàn 추천하다
换算 huànsuàn 환산하다
大约 dàyuē 대략, 약
收 shōu 받다
找 zhǎo 거슬러 주다
付 fù 지불하다
不够 búgòu 모자라다
银联卡 Yínliánkǎ 은련카드(중국의 은행 연합 카드)
输入 shūrù 입력하다
密码 mìmǎ 비밀 번호

04 화장품(1)

效果 xiàoguǒ 효과
干性 gānxìng 건성
油性 yóuxìng 지성
牌子 páizi 상표, 브랜드
去皱 / 祛皱 qù//zhòu / qū//zhòu 주름을 없애다
长时间 cháng shíjiān 장기간
保湿 bǎoshī 보습이 되다
去斑 / 祛斑 qù//bān / qū//bān 기미를 제거하다
收缩 shōusuō 수축하다
毛孔 máokǒng 모공
功能 gōngnéng 기능, 효능
防晒指数 fángshài zhǐshù SPF 지수
隔离 gélí 격리하다
紫外线 zǐwàixiàn 자외선
适合 shìhé 적합하다
户外活动 hùwài huódòng 야외 활동
清爽 qīngshuǎng 가쁜하고 시원하다
粘 nián 진득하게 붙다, 끈적이다
油腻 yóunì 기름지다
单独 dāndú 단독으로
包装 bāozhuāng 포장하다

보충단어 - 화폐

韩币 / 韩元 hánbì / hányuán 한화(₩)
美元 / 美金 měiyuán / měijīn 미국 달러($)
人民币 rénmínbì 인민폐(¥)
欧元 ōuyuán 유로화(€)
日元 / 日圆 rìyuán 엔화(¥)
汇率 huìlǜ 환율

보충단어 - 상품 크기 / 양 단위

毫升 háoshēng 밀리리터(ml)
升 shēng 리터(l)
米 / 公尺 mǐ / gōngchǐ 미터(m)

보충단어 - 화장품 종류

化妆水 huàzhuāngshuǐ 스킨, 토너
乳液 rǔyè 로션, 유액
洗面奶 xǐmiànnǎi 클렌징 크림

卸妆油　xièzhuāngyóu　클렌징 오일
眼霜　yǎnshuāng　아이크림
防晒霜　fángshàishuāng　선크림
精华液　jīnghuáyè　에센스, 세럼
精华素　jīnghuásù　앰플
唇膏　chúngāo　립스틱
粉底霜 / 粉底液　fěndǐshuāng / fěndǐyè　파운데이션
粉饼　fěnbǐng　파우더, 콤팩트
眼影　yǎnyǐng　아이쉐도우
面膜　miànmó　마스크
营养霜　yíngyǎngshuāng　영양 크림
日霜　rìshuāng　데이 크림
晚霜　wǎnshuāng　나이트 크림
护肤品　hùfūpǐn　기능성 화장품
气垫(BB霜)　qìdiàn(BBshuāng)　에어 쿠션(BB크림)

建议　jiànyì　제기하다, 건의하다
蕴含　yùnhán　포함하다
提升　tíshēng　높아지다
含水量　hánshuǐliàng　수분 함량
乳液状　rǔyèzhuàng　로션 타입
润润　rùnrùn　촉촉하다, 눅눅하다

보충단어 – 화장품 기능

混合性　hùnhéxìng　복합성
护肤　hù//fū　피부를 보호하다
预防衰老　yùfáng shuāilǎo　노화를 예방하다
滋养　zīyǎng　영양, 영양을 주다
抗氧化　kàngyǎnghuà　항산화
再生　zàishēng　재생
美白　měibái　미백
保湿　bǎoshī　보습이 되다
去皱 / 祛皱　qù//zhòu / qū//zhòu　주름을 없애다
去疤 / 祛疤　qù//bā / qū//bā　잡티를 제거하다
去斑 / 祛斑　qù//bān / qū//bān　기미를 제거하다
收缩毛孔　shōusuō máokǒng　모공을 수축하다
减脂　jiǎn//zhī　지방을 감소하다
卸妆　xiè//zhuāng　메이크업을 지우다
活肤　huófū　피부를 활성화하다

05 화장품(2)

敏感性　mǐngǎnxìng　민감성
薄　báo　엷다, 얇다
过敏　guòmǐn　(약물이나 외부 자극에) 알레르기 반응을 보이다
感觉　gǎnjué　느낌, ~라고 느끼다
纯植物　chún zhíwù　순식물
成分　chéngfèn　성분
酒精　jiǔjīng　알코올
温和　wēnhé　온화하다, 따뜻하다
持久　chíjiǔ　오래 유지되다
基础　jīchǔ　기초
偏　piān　치우치다, 편향되다
深度　shēndù　깊이
产生　chǎnshēng　생기다
皱纹　zhòuwén　주름
配合　pèihé　배합하다
确实　quèshí　확실히
烦恼　fánnǎo　골치 아프다, 고민스럽다

06 향수

气质　qìzhì　기질, 자질
香型　xiāngxíng　향기 유형
淡　dàn　(색, 향이) 연하다, 오드 뚜왈렛
浓　nóng　(색, 향이) 진하다, 오드 퍼퓸
上班　shàng//bān　출근하다
闻　wén　향을 맡다
款　kuǎn　종류, 스타일
香味(儿)　xiāngwèi(r)　향기
清淡　qīngdàn　산뜻하다

과별 색인

高雅　gāoyǎ　우아하다
职业　zhíyè　직업
浓郁　nóngyù　짙다
晚会　wǎnhuì　디너 파티
神秘　shénmì　신비하다
瓶子　píngzi　(향수) 병
果香型　guǒxiāngxíng　과일향
甜美　tiánměi　달콤하다
受~欢迎　shòu ~ huānyíng　인기가 많다
年轻　niánqīng　젊다
可爱　kě'ài　귀엽다, 사랑스럽다

实用　shíyòng　실용적이다
容量　róngliàng　용량
口袋　kǒudài　주머니
大方　dàfang　(스타일이나 색 따위가) 고상하다, 점잖다, 세련되다
除了　chúle　~을 제외하고는
稍　shāo　조금
试背　shì bēi　(가방 등을) 메 보다
显得　xiǎnde　드러나다
凉快　liángkuai　시원하다
质量　zhìliàng　품질
结实　jiēshi　튼튼하다

보충단어 - 색깔

黑色　hēisè　검정색
灰色　huīsè　회색
白色　báisè　흰색
棕色 / 褐色　zōngsè / hèsè　갈색
红色　hóngsè　빨간색
粉红色　fěnhóngsè　분홍색
卡其色　kǎqísè　카키색
橙色　chéngsè　오렌지색
金色　jīnsè　금색
象牙色　xiàngyásè　아이보리
米色　mǐsè　미색
黄色　huángsè　노란색
绿色　lǜsè　녹색
天蓝色　tiānlánsè　하늘색
蓝色　lánsè　파란색
紫色　zǐsè　보라색

보충단어 - 가방 종류

公文包　gōngwénbāo　서류 가방
电脑包　diànnǎobāo　노트북 가방
化妆包　huàzhuāngbāo　화장품 가방
登山包　dēngshānbāo　등산 가방
手提包　shǒutíbāo　핸드백
背包　bēibāo　배낭
腰包　yāobāo　허리 전대
零钱包　língqiánbāo　동전 지갑
卡片包　kǎpiànbāo　카드 지갑
护照包　hùzhàobāo　여권 지갑
钥匙包　yàoshibāo　열쇠 지갑
行李箱　xínglixiāng　여행 가방, 캐리어

08 의류

试穿　shì chuān　입어 보다
号　hào　치수
试衣间　shìyījiān　탈의실
大小　dàxiǎo　크기
倒(是)　dào(shì)　오히려, 의외로
亮　liàng　환하다

07 가방

牛皮　niúpí　소가죽
新款　xīnkuǎn　(가방, 옷 등의 디자인) 신상품
小巧精致　xiǎoqiǎo jīngzhì　매우 정교하다

眼前 yǎnqián 눈 앞
年纪 niánjì 나이
好像 hǎoxiàng 마치 ~인 것 같다
镜子 jìngzi 거울
精神 jīngshen 기운, 생기
真丝 zhēnsī 비단, 실크
面料 miànliào 원단
水洗 shuǐxǐ 물세탁
干洗 gānxǐ 드라이클리닝
退换 tuìhuàn (상품을) 교환이나 환불하다
一定 yídìng 반드시

보충단어 – 의류 종류

领带 lǐngdài 넥타이
丝巾 sījīn 비단 스카프
裤子 kùzi 바지
牛仔裤 niúzǎikù 청바지
裙子 qúnzi 치마
连衣裙 liányīqún 원피스
T恤 Txù 티셔츠
毛衣 máoyī 스웨터
衬衫 chènshān 와이셔츠
女式衬衫 nǚshì chènshān 블라우스
大衣 dàyī 외투
西装 xīzhuāng 양복
正装 zhèngzhuāng 정장
皮鞋 píxié 구두

09 담배와 주류

中华烟 Zhōnghuáyān 중화 담배
限购 xiàngòu 구매 제한
免费 miǎnfèi 무료
品尝 pǐncháng 맛보다
口感 kǒugǎn 입맛(입과 입안에 느껴지는 느낌 및 맛)

味道 wèidào 맛
品牌 pǐnpái 상표
根据 gēnjù ~에 근거하다
醇厚 chúnhòu 깔끔하고 진하다
南部 nánbù 남부
生产 shēngchǎn 생산하다
冰镇 bīngzhèn (얼음 등으로) 차게 하다
饮用 yǐnyòng 마시다
特有 tèyǒu 특유하다, 고유하다
覆盆子 fùpénzǐ 복분자
原料 yuánliào 원료
制造 zhìzào 제조하다
甜味儿 tiánwèir 단맛
喜爱 xǐ'ài 애호(하다)

보충단어 – 주류 종류

度数 dùshù 도수
洋酒 yángjiǔ 양주
威士忌 wēishìjì 위스키
伏特加(酒) fútèjiā(jiǔ) 보드카
高粱酒 gāoliángjiǔ 고량주
白酒 báijiǔ 백주, 배갈
葡萄酒 pútáojiǔ 포도주
红酒 hóngjiǔ 와인
米酒 mǐjiǔ 막걸리
烧酒 shāojiǔ 소주
清酒 qīngjiǔ 청주
覆盆子酒 fùpénzǐjiǔ 복분자주
果酒 guǒjiǔ 과실주

10 식품류

浓缩液 nóngsuōyè 농축액
服用 fúyòng 복용(하다)
勺儿 sháor 스푼

과별 색인

高纯度 gāo chúndù 고순도
补气 bǔ//qì 기를 보충하다
补血 bǔ//xuè 보혈하다
功效 gōngxiào 효능, 효과
提高 tí//gāo 향상시키다
人体 réntǐ 인체
免疫力 miǎnyìlì 면역력
抗疲劳 kàngpíláo 항피로
并且 bìngqiě 더욱이
强心健胃 qiángxīn jiànwèi 심장과 위 등을 건강하게
하다
六年根 liù nián gēn 6년근
冲服 chōngfú (물이나 술 등에) 약을 타 먹다
即 jí 곧, 즉, 바로
养颜 yǎngyán 미용 효과가 있다
携带 xiédài 휴대하다, 지니다
济州岛 Jìzhōudǎo 제주도
清香 qīngxiāng 상쾌한 향기, 맑고 향기롭다

보충단어 – 식품 종류

红参 hóngshēn 홍삼
红参精 hóngshēnjīng 홍삼진액
红参茶 hóngshēnchá 홍삼차
红参糖 hóngshēntáng 홍삼사탕
红参切片 hóngshēn qiēpiàn 홍삼절편
泡菜 pàocài 김치
海苔 / 紫菜 hǎitái / zǐcài 김
保健品 bǎojiànpǐn 건강 보조 식품
综合维生素 zōnghé wéishēngsù 종합 비타민
深海鱼油 shēnhǎi yúyóu 오메가3
钙片 gàipiàn 칼슘제
女性专用营养剂 nǔxìng zhuānyòng yíngyǎngjì
여성 전용 영양제
巧克力 qiǎokèlì 초콜릿
柑橘 gānjú 감귤

병음 색인

※ 단어 페이지는 회화에 나온 단어인 경우 해당 회화 페이지를 기준으로 하였고, 그 외의 단어는 처음 나온 페이지를 기준으로 하였다.

B

báijiǔ 白酒 백주, 배갈		123
báisè 白色 흰색		85
bāo 包 가방		100
bāo 包 봉투 (봉투 혹은 봉투 포장된 물건을 세는 양사)		33
bāozhuāng 包装 포장하다		63
báo 薄 엷다, 얇다		74
bǎojiànpǐn 保健品 건강 보조 식품		135
bǎoshī 保湿 보습이 되다		62
bēibāo 背包 배낭		97
bǐjìběn diànnǎo 笔记本电脑 노트북 컴퓨터		21
bīngzhèn 冰镇 (얼음 등으로) 차게 하다		127
bìngqiě 并且 더욱이		138
búgòu 不够 모자라다		51
bǔ//qì 补气 기를 보충하다		138
bǔ//xuè 补血 보혈하다		138

C

chǎnshēng 产生 생기다		75
cháng 长 높이		47
cháng shíjiān 长时间 장시간		62
chènshān 衬衫 와이셔츠		111
chéngfèn 成分 성분		74
chéngsè 橙色 오렌지색		85
chíjiǔ 持久 오래 유지되다		74
chōngfú 冲服 (물이나 술 등에) 약을 타 먹다		139
chūshì 出示 제시하다		24
chúle 除了 ~을 제외하고는		101
chúngāo 唇膏 립스틱		59
chúnhòu 醇厚 깔끔하고 진하다		127
chún zhíwù 纯植物 순식물		74

D

dǎ//zhé 打折 할인하다		36
dàfang 大方 (스타일이나 색 따위가) 고상하다, 점잖다, 세련되다		100
dàxiǎo 大小 크기		114
dàyī 大衣 외투		111
dàyuē 大约 대략, 약		50
dāndú 单独 단독으로		63
dàn 淡 (색, 향이) 연하다, 오드 뚜왈렛		88
dāngshí 当时 그때, 당시		37
dào(shì) 倒(是) 오히려, 의외로		114
dēngjīpái 登机牌 탑승권		24
dēngshānbāo 登山包 등산 가방		97
diànnǎobāo 电脑包 노트북 가방		97
diànzǐ chǎnpǐn 电子产品 전자 제품		21
diànyuán 店员 점원		24
dùshù 度数 도수		123
duì 对 쌍 (남녀 혹은 한 쌍으로 되어 있는 물건을 세는 양사)		33

F

fāpiào 发票 영수증		25
fánnǎo 烦恼 골치 아프다, 고민스럽다		75
fángshàishuāng 防晒霜 선크림		63
fángshài zhǐshù 防晒指数 SPF 지수		63
fěnbǐng 粉饼 파우더, 콤팩트		59
fěndǐshuāng 粉底霜 파운데이션		59
fěndǐyè 粉底液 파운데이션		59
fěnhóngsè 粉红色 분홍색		89

병음 색인

fèn 份 벌, 세트 (배합하여 한 벌이 되는 것을 세는 양사) 33
fútèjiā(jiǔ) 伏特加(酒) 보드카 123
fúyòng 服用 복용(하다) 138
fúzhuāng 服装 의류 21
fù 付 지불하다 51
fù 副 쌍, 개 (신체 착용 양사) 33
fùpénzǐ 覆盆子 복분자 127
fùpénzǐjiǔ 覆盆子酒 복분자주 127

G

gàipiàn 钙片 칼슘제 135
gānjú 柑橘 감귤 139
gānxǐ 干洗 드라이클리닝 115
gānxìng 干性 건성 62
gǎnjué 感觉 느낌, ~라고 느끼다 74
gāngbǐ 钢笔 펜, 만년필 21
gāo chúndù 高纯度 고순도 138
gāoliángjiǔ 高粱酒 고량주 123
gāoyǎ 高雅 우아하다 88
gélí 隔离 격리하다 63
gēnjù 根据 ~에 근거하다 127
gōngchǐ 公尺 미터(m) 47
gōngfēn 公分 센티미터(cm) 47
gōngjīn 公斤 킬로그램(kg) 47
gōngwénbāo 公文包 서류 가방 97
gōngnéng 功能 기능, 효능 62
gōngxiào 功效 효능, 효과 138
gòumǎi 购买 구매하다 37
gòu//wù 购物 물품을 구매하다 37
gùkè 顾客 고객 24
guānglín 光临 왕림하다 24
guīdìng 规定 규정 37
guìtái 柜台 계산대 25
guǒjiǔ 果酒 과실주 127
guǒxiāngxíng 果香型 과일향 89
guòmǐn 过敏 (약물이나 외부 자극에) 알레르기 반응을 보이다 74

H

hǎiguānfǎ 海关法 세관법 37
hǎitái 海苔 김 139
hánbì 韩币 한화(₩) 50
hányuán 韩元 한화(₩) 47
hánshuǐliàng 含水量 수분 함량 75
háomǐ 毫米 밀리미터(mm) 47
háoshēng 毫升 밀리리터(ml) 13
hǎoxiàng 好像 마치 ~인 것 같다 115
hào 号 치수 114
hé 盒 개, 곽 (뚜껑이 있는 상자를 세는 양사) 24
hèsè 褐色 갈색 85
hēisè 黑色 검정색 85
hóngjiǔ 红酒 와인 127
hóngsè 红色 빨간색 85
hóngshēn 红参 홍삼 138
hóngshēnchá 红参茶 홍삼차 133
hóngshēnjīng 红参精 홍삼진액 138
hóngshēn qiēpiàn 红参切片 홍삼절편 138
hóngshēntáng 红参糖 홍삼사탕 138
hùwài huódòng 户外活动 야외 활동 63
hù//fū 护肤 피부를 보호하다 71
hùfūpǐn 护肤品 기능성 화장품 74
hùzhào 护照 여권 24
hùzhàobāo 护照包 여권 지갑 97
huàzhuāngbāo 化妆包 화장품 가방 97
huàzhuāngpǐn 化妆品 화장품 21
huàzhuāngshuǐ 化妆水 스킨, 토너 59
huānyíng 欢迎 환영하다 24
huàn//huò 换货 (상품을) 교환하다 25

huànsuàn 换算 환산하다	50	
huángsè 黄色 노란색	85	
huīsè 灰色 회색	85	
huìlǜ 汇率 환율	17	
hùnhéxìng 混合性 복합성	71	

kǒudài 口袋 주머니	100
kǒugǎn 口感 입맛(입과 입안에 느껴지는 느낌 및 맛)	126
kùzi 裤子 바지	111
kuān 宽 너비	47
kuǎn 款 종류, 스타일	88

J

jīchǔ 基础 기초	74
jí 即 곧, 즉, 바로	139
Jìzhōudǎo 济州岛 제주도	139
jiǎn//zhī 减脂 지방을 감소하다	71
jiàn 件 건, 개 (일, 선물, 상의 등 옷을 세는 양사)	114
jiànyì 建议 제기하다, 건의하다	75
jiēshi 结实 튼튼하다	101
jié//zhàng 结账 결제하다	24
jīnsè 金色 금색	85
jīnghuásù 精华素 앰플	59
jīnghuáyè 精华液 에센스, 세럼	62
jīngshen 精神 기운, 생기	115
jìngzi 镜子 거울	115
jiǔ 酒 술	126
jiǔjīng 酒精 알코올	74
jiǔ děng 久等 오래 기다리다	36

L

lánsè 蓝色 파란색	85
líjìng 离境 출국하다	37
límǐ 厘米 센티미터(cm)	47
liányīqún 连衣裙 원피스	114
liángkuai 凉快 시원하다	101
liàng 亮 환하다	114
liàngjiě 谅解 양해하다, 이해하다	37
língqiánbāo 零钱包 동전 지갑	97
lǐngdài 领带 넥타이	111
lǐngqǔ 领取 수령하다	37
lǐngqǔchù 领取处 물품 인도장	37
lìngwài 另外 그 밖의	25
liù nián gēn 六年根 6년근	139
lǜsè 绿色 녹색	85

K

kǎpiànbāo 卡片包 카드 지갑	97
kǎqísè 卡其色 카키색	85
kāi//fēng 开封 개봉하다	25
kànzhòng 看中 (보고) 마음에 들다	36
kàngpíláo 抗疲劳 항피로	138
kàngyǎnghuà 抗氧化 항산화	75
kě'ài 可爱 귀엽다, 사랑스럽다	89
kè 克 그램(g)	47

M

máokǒng 毛孔 모공	62
máoyī 毛衣 스웨터	111
měibái 美白 미백	71
měijīn 美金 미국 달러($)	47
měiyuán 美元 미국 달러($)	50
mǐ 米 미터(m)	47
mǐjiǔ 米酒 막걸리	123
mǐsè 米色 미색	101
mìmǎ 密码 비밀 번호	51
miǎnfèi 免费 무료	126

병음 색인

miǎnshuìdiàn 免税店 면세점	24
miǎnyìlì 免疫力 면역력	138
miànliào 面料 원단	115
miànmó 面膜 마스크	59
mǐngǎnxìng 敏感性 민감성	74

N

nánbù 南部 남부	127
nián 粘 진득하게 붙다, 끈적이다	63
niánjì 年纪 나이	115
niánqīng 年轻 젊다	89
niúpí 牛皮 소가죽	100
niúzǎikù 牛仔裤 청바지	111
nóng 浓 (색, 향이) 진하다, 오드 퍼퓸	88
nóngsuōyè 浓缩液 농축액	138
nóngyù 浓郁 짙다	89
nǚshì chènshān 女式衬衫 블라우스	111
nǚxìng zhuānyòng yíngyǎngjì 女性专用营养剂 여성 전용 영양제	135

O

ōuyuán 欧元 유로화(€)	47

P

páizi 牌子 상표, 브랜드	62
pàocài 泡菜 김치	135
pèihé 配合 배합하다	75
píxié 皮鞋 구두	111
piān 偏 치우치다, 편향되다	74
pǐncháng 品尝 맛보다	126
pǐnpái 品牌 상표	127

píng 瓶 병 (병을 세는 양사)	36
píngzi 瓶子 (향수) 병	89
pútáojiǔ 葡萄酒 포도주	123

Q

qìdiàn(BBshuāng) 气垫(BB霜) 에어 쿠션(BB크림)	59
qìzhì 气质 기질, 자질	88
qiān//zì 签字 서명하다	25
qiángxīn jiànwèi 强心健胃 심장과 위 등을 건강하게 하다	138
qiǎokèlì 巧克力 초콜릿	139
qīngdàn 清淡 산뜻하다	88
qīngjiǔ 清酒 청주	123
qīngshuǎng 清爽 가쁜하고 시원하다	63
qīngxiāng 清香 상쾌한 향기, 맑고 향기롭다	139
qū//bā 祛疤 잡티를 제거하다	71
qū//bān 祛斑 기미를 제거하다	62
qū//zhòu 祛皱 주름을 없애다	58
qǔhuòdān 取货单 구매 상품 교환권	37
qù//bā 去疤 잡티를 제거하다	71
qù//bān 去斑 기미를 제거하다	58
qù//zhòu 去皱 주름을 없애다	62
quèshí 确实 확실히	75
qúnzi 裙子 치마	111

R

rénmínbì 人民币 인민폐(¥)	47
rénshēn zhìpǐn 人参制品 인삼제품	21
réntǐ 人体 인체	138
rìshuāng 日霜 데이 크림	59
rìyuán 日元 / 日圆 엔화(¥)	47

róngliàng 容量 용량		100
rǔyè 乳液 로션, 유액		59
rǔyèzhuàng 乳液状 로션 타입		75
rùnrùn 润润 촉촉하다, 눅눅하다		75

S

shāngpǐn 商品 상품	25
shàng//bān 上班 출근하다	88
shāo 稍 조금	101
shāojiǔ 烧酒 소주	123
sháor 勺儿 스푼	138
shēndù 深度 깊이	75
shēnhǎi yúyóu 深海鱼油 오메가3	135
shénmì 神秘 신비하다	89
shēng 升 리터(l)	13
shēngchǎn 生产 생산하다	127
shípǐn 食品 식품	21
shíyòng 实用 실용적이다	100
shǐyòng 使用 사용하다	25
shì bēi 试背 (가방 등) 메 보다	101
shì chuān 试穿 입어보다	114
shìyījiān 试衣间 탈의실	114
shìhé 适合 적합하다	63
shōu 收 받다	51
shōusuō 收缩 수축하다	62
shōusuō máokǒng 收缩毛孔 모공을 수축하다	62
shǒubiǎo 手表 손목시계	21
shǒutíbāo 手提包 핸드백	97
shòu ~ huānyíng 受～欢迎 인기가 많다	89
shòuhuòyuán 售货员 판매원	32
shūrù 输入 입력하다	51
shùmǎ zhàoxiàngjī 数码照相机 디지털 카메라	21
shuā//kǎ 刷卡 카드로 결제하다	25
shuāng 双 쌍 (왼쪽, 오른쪽 한 쌍으로 되어 있는 물건을 세는 양사)	33
shuǐxǐ 水洗 물세탁	115
sījīn 丝巾 비단 스카프	111
suíbiàn 随便 마음대로	50

T

Txù T恤 티셔츠	111
tái 台 대 (전자 제품을 세는 양사)	33
tào 套 세트, 벌 (세트를 세는 양사)	74
tèchǎn 特产 특산품	37
tèyǒu 特有 특유하다, 고유하다	127
tí//gāo 提高 향상시키다	138
tíshēng 提升 높아지다	75
tiānlánsè 天蓝色 하늘색	85
tiánměi 甜美 달콤하다	89
tiánwèir 甜味儿 단맛	127
tiáo 条 벌, 보루 (바지나 치마 등 하의, 담배 보루를 세는 양사)	33
tuījiàn 推荐 추천하다	50
tuìhuàn 退换 (상품을) 교환이나 환불하다	115
tuì//huò 退货 (상품을) 환불하다	25

W

wǎnhuì 晚会 디너 파티	89
wǎnshuāng 晚霜 나이트 크림	59
wēishìjì 威士忌 위스키	123
wèidào 味道 맛	126
wēnhé 温和 온화하다, 따뜻하다	74
wén 闻 향을 맡다	88

병음 색인

X

xīzhuāng 西装 양복		111
xǐ'ài 喜爱 애호(하다)		127
xǐmiànnǎi 洗面奶 클렌징 크림		59
xiǎnde 显得 드러나다		101
xiànjīn 现金 현금		25
xiàngòu 限购 구매 제한		126
xiāngshuǐ 香水 향수		36
xiāngwèi(r) 香味(儿) 향기		88
xiāngxíng 香型 향기 유형		88
xiàngyásè 象牙色 아이보리		85
xiāoshòuyuán 销售员 판매원		32
xiǎoqiǎo jīngzhì 小巧精致 매우 정교하다		100
xiàoguǒ 效果 효과		62
xiédài 携带 휴대하다, 지니다		139
xiè//zhuāng 卸妆 메이크업을 지우다		71
xièzhuāngyóu 卸妆油 클렌징 오일		59
xīnkuǎn 新款 (가방, 옷 등의 디자인) 신상품		100
xīn shāngpǐn 新商品 신상품		36
xìnyòngkǎ 信用卡 신용카드		25
xínglixiāng 行李箱 여행 가방, 캐리어		97

Y

yān 烟 담배		126
yǎnqián 眼前 눈 앞		114
yǎnshuāng 眼霜 아이크림		62
yǎnyǐng 眼影 아이쉐도우		59
yángjiǔ 洋酒 양주		123
yǎngyán 养颜 미용 효과가 있다		139
yāobāo 腰包 허리 전대		97
yàoshibāo 钥匙包 열쇠 지갑		97
yídìng 一定 반드시		115
Yínliánkǎ 银联卡 은련카드(중국의 은행 연합 카드)		51
yǐnyòng 饮用 마시다		127
yíngyǎngshuāng 营养霜 영양 크림		59
yóunì 油腻 기름지다		63
yóuxìng 油性 지성		62
yùfáng shuāilǎo 预防衰老 노화를 예방하다		75
yuánliào 原料 원료		127
yùnhán 蕴含 포함하다		75

Z

zàicì 再次 재차, 다시		25
zàishēng 再生 재생		71
zhǎo 找 거슬러 주다		51
zhēnsī 真丝 비단, 실크		115
zhèngzhuāng 正装 정장		111
zhī 支 자루 (자루를 세는 양사)		33
zhíyè 职业 직업		38
zhìliàng 质量 품질		101
zhìzào 制造 제조하다		127
Zhōnghuáyān 中华烟 중화 담배		126
zhòuwén 皱纹 주름		75
zhù//yì 注意 주의하다		25
zhuāngguì xiāoshòuyuán 专柜销售员 담당판매원		36
zīyǎng 滋养 영양, 영양을 주다		75
zǐcài 紫菜 김		135
zǐsè 紫色 보라색		85
zǐwàixiàn 紫外线 자외선		63
zōnghé wéishēngsù 综合维生素 종합 비타민		135
zōngsè 棕色 갈색		101

공저 최윤선 · 권운영 · 롱핑

00 고객 응대 용어

면세점 소개

1. 면세점이란?

　면세점은 여행자의 편의를 도모하기 위하여 공항 등에 설치한 비과세 상점으로 상품에 부과되는 세금이 면세되므로 일반 백화점 등 보다 상품값이 싸다.

　면세점은 일반적으로 내국인과 외국인 모두 출국자에 한해 여권번호와 영문명 그리고 비행기 티켓 혹은 예매내역을 통해서만 이용할 수 있다. 면세점은 크게 시내 면세점과 공항 면세점으로 나누고, 요즘은 시내 면세점을 직접 방문하기 보다는 인터넷 면세점을 활용하는 고객이 늘고 있다. 현재 우리나라 공항에는 롯데면세점, 신라면세점, 관광공사 등이 입점해 있다.

2. 상품

　면세점 입점 상품은 매우 다양해서 해외 명품 브랜드부터 국내 제품까지 국내외 유명 브랜드는 모두 존재한다고 보면 된다. 해외 브랜드는 각 브랜드마다 차이는 있지만 일반 매장에서 구입하는 것보다 10~30% 정도 저렴하다. 해외 브랜드는 대체로 출국하는 내국인 고객이 많고, 국내 제품은 한국을 방문 후 출국하는 외국인 고객이 더 많다.

3. 면세점 취업 및 근무

　스토어직원은 브랜드별 직영사원과 파견사원으로 구분된다. 명품 브랜드 (루이비통, 구찌, 샤넬 등등) 업체는 자체적으로 직원을 구하는 경우도 많은 편이고, 대체적으로 직원 모집은 수시 모집한다.

　면세점 취업에 있어서는 외국어 구사 능력이 기본이다. 예전에는 일본어, 영어 회화 능력이 대세였지만, 요즘은 중국어 회화 가능자가 우대받는 추세이다.

　면세점마다 약간의 차이는 있지만 공항 근무 시간은 조근 (07:00~16:00), 평근 (09:00~18:00), 야근 (12:00~21:00) 의 3 교대이며, 시내 면세점은 A 조 (09:30 ~ 18:30), B 조 (11:10 ~ 20:10) 의 2 교대이다.

　여러 브랜드 업체는 연말에 파티를 열어 직원을 격려하기도 하는데, 특히 해외 명품 브랜드에서는 다 같이 드레스를 입고 화려한 파티를 하는 등 다채로운 행사를 준비하기도 한다.

4. 면세점 이용 안내

　공항 외 면세점 이용 시에는 여권번호, 영문명, 항공편명 (비행기편명) 이 꼭 필요하므로 이 점에 유의해야 한다.

　상품을 시내 면세점에서 구매했을 경우, 출국 전에 미리 구입하여 출국하는 날 공항 내 면세품 물품 인도장에서 여권과 교환권을 제시 후 받을 수 있다. 공항 내 면세점은 출국날 비행기 탑승 전에 이용 가능하며, 본인의 여권, 탑승권을 제시해야 구입 가능하다. 이때 각 나라마다 구매 한도 등 관세법 등이 다르므로 물품 구입 시 유의사항을 자세히 숙지 후 구입하여야 여행 후 귀국 시에 불편을 겪는 일을 예방할 수 있다.

국내 주요 면세점과 중문명

1 갤러리아면세점 : 格乐丽雅免税店 Gélèliyǎ Miǎnshuìdiàn (www.galleria-dfs.com)

2 대한항공면세점 : 大韩航空免税店 Dàhán Hángkōng Miǎnshuìdiàn (www.cyberskyshop.com)

3 동화면세점 : 东和免税店 Dōnghé Miǎnshuìdiàn (www.dutyfree24.com)

4 롯데면세점 : 乐天免税店 Lètiān Miǎnshuìdiàn (www.lottedfs.com)

5 신세계면세점 : 新世界免税店 Xīnshìjiè Miǎnshuìdiàn (www.ssgdfs.com)

6 워커힐면세점 : 华克山庄免税店 Huákè Shānzhuāng Miǎnshuìdiàn (www.skdutyfree.com)

7 HDC 신라면세점 : HDC 新罗免税店 HDC Xīnluó Miǎnshuìdiàn (www.shilladfs.com)

8 JDC 제주면세점 : JDC 免税店 JDC Miǎnshuìdiàn (www.jdcdutyfree.com)

9 SM 면세점 : SM 免税店 SM Miǎnshuìdiàn (www.smdutyfree.com)

00 고객 응대 용어 3

고객 응대 용어

1 欢迎光临_____免税店!
Huānyíng guānglín ____ miǎnshuìdiàn!

> 어서 오세요. ____면세점입니다!

2 请问,有什么可以帮您的吗?
Qǐngwèn, yǒu shénme kěyǐ bāng nín de ma?

> 무엇을 도와드릴까요?

3 您想买点儿什么?
Nín xiǎng mǎi diǎnr shénme?

> 어떤 상품을 찾으십니까?

4 请随便看看! / 请慢慢儿看!
Qǐng suíbiàn kànkan! / Qǐng mànmānr kàn!

> 천천히 살펴 보세요!

5 请问,有看中的吗?
Qǐngwèn, yǒu kànzhòng de ma?

> 마음에 드시는 상품이 있으십니까?

6 您自己用还是送人?
Nín zìjǐ yòng háishi sòng rén?

> 본인이 쓰실 겁니까, 아니면 선물하실 겁니까?

7 这是打折商品，打 _____ 折。
Zhè shì dǎzhé shāngpǐn, dǎ _____ zhé.

> 이건 세일 상품으로, ___% 할인 됩니다.

8 转机的话，不能购买液体类物品。
Zhuǎnjī de huà, bù néng gòumǎi yètǐlèi wùpǐn.

> 환승하시면 액체류 물품은 구입하실 수 없습니다.

9 拉链密封袋内，可以装 100 毫升以下的商品，但不能超过 1 升。
Lāliàn mìfēngdài nèi, kěyǐ zhuāng yìbǎi háoshēng yǐxià de shāngpǐn, dàn bùnéng chāoguò yìshēng.

> 100ml 이하의 상품은 투명 지퍼락(Zipper Lock) 봉투 안에 보관하실 수 있으나, 1L 를 초과해서는 안 됩니다.

10 您需要几份?
Nín xūyào jǐ fèn?

> 몇 개 필요하십니까?

11 请到这边来结账,请出示一下您的护照和登机牌。
Qǐng dào zhè biān lái jiézhàng, qǐng chūshì yíxià nín de hùzhào hé dēngjīpái.

이쪽에서 계산해 드리겠습니다. 여권과 탑승권을 제시해 주세요.

12 您付美元还是韩币?
Nín fù měiyuán háishi hánbì?

달러로 계산하시겠습니까, 아니면 한화로 계산하시겠습니까?

13 您是用现金还是信用卡?
Nín shì yòng xiànjīn háishi xìnyòngkǎ?

현금으로 계산하시겠습니까, 아니면 신용카드로 계산하시겠습니까?

14 请输入密码。
Qǐng shūrù mìmǎ.

비밀 번호를 입력해 주세요.

15 请在这里签字。
Qǐng zài zhèli qiānzì.

여기에 서명해 주세요.

16 请拿好发票和取货单。
Qǐng ná hǎo fāpiào hé qǔhuòdān.

> 영수증과 상품 교환권을 받으세요.

17 如果您需要退货或者换货，请带着发票到您结账的这个柜台来。
Rúguǒ nín xūyào tuìhuò huòzhě huànhuò, qǐng dài zhe fāpiào dào nín jiézhàng de zhège guìtái lái.

> 혹시 환불이나 교환을 하시려면, 영수증을 가지고 계산하신 이곳으로 오시면 됩니다.

18 另外请注意，开封或使用后的商品不能退货。
Lìngwài qǐng zhùyì, kāifēng huò shǐyòng hòu de shāngpǐn bù néng tuìhuò.

> 또 한 가지 꼭 기억해 주세요. 개봉 후나 사용 후에는 상품을 환불하실 수 없습니다.

19 请走好。/ 请慢走。
Qǐng zǒu hǎo. / Qǐng màn zǒu.

> 조심히 가세요.

20 欢迎再次光临！
Huānyíng zàicì guānglín!

> 다음에 또 찾아 주세요!

숫자 및 가격 표현

1 숫자 읽기

一 yī **1**	二/两 èr/liǎng **2**	三 sān **3**	四 sì **4**	五 wǔ **5**
六 liù **6**	七 qī **7**	八 bā **8**	九 jiǔ **9**	十 shí **10**

百 bǎi **100**	千 qiān **1,000**	万 wàn **10,000**

十万 shíwàn **100,000**	一百万 yìbǎiwàn **1,000,000**	一千万 yìqiānwàn **10,000,000**	一亿 yíyì **100,000,000**

2 가격 말하기

① 한화 읽기 (KRW)

₩ **35,000:** 三万五千元韩币 sānwàn wǔqiān yuán hánbì

② 달러 읽기 (USD)

$ **35:** 三十五美元 sānshíwǔ měiyuán

③ 인민폐 읽기 (CNY)

문어체	元 yuán	角 jiǎo	分 fēn
구어체	块(钱) kuài (qián)	毛(钱) máo (qián)	

¥ **886.60:** 八百八十六元六角 bābǎi bāshíliù yuán liù jiǎo (문어체)
八百八十六块六毛钱 bābǎi bāshíliù kuài liù máo qián (구어체)

3 숫자 말할 때 유의사항

① '0'은 중간의 '0'은 하나만 읽고, 뒤쪽에 있는 '0'는 안 읽어도 된다.

> Ex **15,004:** 一万五千零四 yīwàn wǔqiān líng sì
> **15,000:** 一万五 yīwàn wǔ

② 십단위에서는 十 [shí] 로, 백단위부터는 100은 一百 [yìbǎi], 1000은 一千 [yìqiān] 등으로 앞에 一 [yī] 을 붙인다. 단, 숫자 중간에 있는 십단위는 '一十 [yìshí]' 로 읽는다.

> Ex **10:** 十 shí
> **10,011:** 一万零一十一 yīwàn líng yìshíyī

③ '2'는 일단위, 십단위, 십만 단위에서는 '二 [èr]' 로 읽고, 다른 것은 '二 [èr]' 과 '两 [liǎng]' 으로 읽어도 모두 가능하다.

> Ex **2:** 二 èr
> **25:** 二十五 èrshíwǔ
> **2,874:** 两千八百七十四 liǎngqiān bābǎi qīshísì
> **25,681:** 两万五千六百八十一 liǎngwàn wǔqiān liùbǎi bāshíyī
> **222,222:** 二十二万两千两百二十二 èrshí'èrwàn liǎngqiān liǎngbǎi èrshí'èr

---

A: 今天的汇率是多少?
Jīntiān de huìlǜ shì duōshǎo?
오늘 환율이 얼마예요?

B: 今天美元兑人民币的汇率是 6.20, 1 美元可兑换 6.20 人民币。
Jīntiān měiyuán duì rénmínbì de huìlǜ shì liù diǎn èr, yī měiyuán kě duìhuàn liù kuài liǎng máo rénmínbì.
오늘의 달러 환율은 6.20 으로, 1 달러는 6.20 인민폐입니다.

A: 100 美元相当于多少韩币?
Yìbǎi měiyuán xiāngdāngyú duōshǎo hánbì?
100 달러는 한화로 얼마예요?

B: 今天美元兑韩币的汇率是 1100, 100 美元相当于 110,000 韩币。
Jīntiān měiyuán duì hánbì de huìlǜ shì yīqiān yī, yìbǎi měiyuán xiāngdāngyú shíyīwàn hánbì.
오늘의 달러 환율은 한화 1,100 원으로, 100 달러는 한화 11 만원입니다

※ 汇率 huìlǜ 환율

01 면세점 이용 안내 (공항 면세점)

단어 生词

店员	diànyuán	점원
顾客	gùkè	고객
欢迎	huānyíng	환영하다
光临	guānglín	왕림하다
免税店	miǎnshuìdiàn	면세점
结账	jié//zhàng	결제하다
出示	chūshì	제시하다
护照	hùzhào	여권
登机牌	dēngjīpái	탑승권
现金	xiànjīn	현금
信用卡	xìnyòngkǎ	신용카드
刷卡	shuā//kǎ	카드로 결제하다
签字	qiān//zì	서명하다
发票	fāpiào	영수증
退货	tuì//huò	(상품을) 환불하다
换货	huàn//huò	(상품을) 교환하다
柜台	guìtái	계산대
另外	lìngwài	그 밖의
注意	zhù//yì	주의하다
开封	kāi//fēng	개봉하다
使用	shǐyòng	사용하다
商品	shāngpǐn	상품
再次	zàicì	재차, 다시

보충단어 补充单词

[제품 종류]

化妆品	huàzhuāngpǐn	화장품
香水	xiāngshuǐ	향수
包	bāo	가방
服装	fúzhuāng	의류
手表	shǒubiǎo	손목시계
钢笔	gāngbǐ	펜, 만년필
烟	yān	담배
酒	jiǔ	술
食品	shípǐn	식품
人参制品	rénshēn zhìpǐn	인삼 제품
电子产品	diànzǐ chǎnpǐn	전자 제품
笔记本电脑	bǐjìběn diànnǎo	노트북 컴퓨터
数码照相机	shùmǎ zhàoxiàngjī	디지털 카메라

기본문장 基本句型

❶ 欢迎光临△△免税店！
Huānyíng guānglín △△ miǎnshuìdiàn!
어서 오세요, △△면세점입니다!

❷ 请问，您想买点儿什么?
Qǐngwèn, nín xiǎng mǎi diǎnr shénme?
어떤 상품을 찾으십니까?

❸ 请到这边来，这边都是人参茶。
Qǐng dào zhè biān lái, zhè biān dōu shì rénshēnchá.
이쪽으로 오세요, 이쪽이 인삼차입니다.

❹ 这种是我们店里卖得最好的。
Zhè zhǒng shì wǒmen diàn li mài de zuìhǎo de.
이건 저희 매장에서 가장 잘 팔리는 상품입니다.

❺ 请到这边来结账。
Qǐng dào zhè biān lái jiézhàng.
이쪽에서 계산해 드리겠습니다.

❻ 请出示一下您的护照和登机牌.
Qǐng chūshì yíxià nín de hùzhào hé dēngjīpái.
여권과 탑승권을 제시해 주세요.

❼ 您是用现金还是信用卡?
Nín shì yòng xiànjīn háishi xìnyòngkǎ?
현금으로 계산하시겠습니까, 아니면 신용카드로 계산하시겠습니까?

❽ 这是发票，请拿好。
Zhè shì fāpiào, qǐng ná hǎo.
여기 영수증이 있습니다. 받으세요.

❾ 如果您需要退货或者换货，请带着发票到您结账的这个柜台来。
Rúguǒ nín xūyào tuìhuò huòzhě huànhuò, qǐng dài zhe fāpiào dào nín jiézhàng de zhège guìtái lái.
혹시 환불이나 교환을 하시려면, 영수증을 가지고 계산하신 이곳으로 오시면 됩니다.

❿ 开封或使用后的商品不能退货。
Kāifēng huò shǐyòng hòu de shāngpǐn bù néng tuìhuò.
개봉 후나 사용 후에는 상품을 환불하실 수 없습니다.

회화 会话

店员 ❶欢迎光临 △△免税店！❷请问，您想买点儿什么？
Huānyíng guānglín △△miǎnshuìdiàn! Qǐngwèn, nín xiǎng mǎi diǎnr shénme?

顾客 我想买点儿人参茶。
Wǒ xiǎng mǎi diǎnr rénshēnchá.

店员 ❸请到这边来，这边都是人参茶。
Qǐng dào zhè biān lái, zhè biān dōu shì rénshēnchá.

顾客 我对人参不太懂，哪种好呢？
Wǒ duì rénshēn bú tài dǒng, nǎ zhǒng hǎo ne?

店员 ❹这种是我们店里卖得最好的，你可以看看。
Zhè zhǒng shì wǒmen diàn li mài de zuìhǎo de, nǐ kěyǐ kànkan.

顾客 (看后)那就这种吧。 我要五盒。
(kàn hòu) Nà jiù zhè zhǒng ba. Wǒ yào wǔ hé.

店员 好的。❺请到这边来结账。❻请出示一下您的护照
Hǎo de. Qǐng dào zhè biān lái jiézhàng. Qǐng chūshì yíxià nín de hùzhào

和登机牌。
hé dēngjīpái.

顾客 给你。
Gěi nǐ.

해석

정원: 어서 오세요, △△면세점입니다! 어떤 상품을 찾으십니까?
고객: 저는 인삼차를 좀 사고 싶은데요.
정원: 이쪽으로 오세요, 이쪽이 인삼차입니다.
고객: 저는 인삼에 대해 잘 몰라요, 어느 것이 좋을까요?
정원: 이건 저희 매장에서 가장 잘 팔리는 상품입니다, 한번 보세요.
고객: (살펴본 후) 이거로 할게요. 다섯 상자 주세요.
정원: 좋습니다. 이쪽에서 계산해 드리겠습니다. 여권과 탑승권을 제시해 주세요.
고객: 여기 있어요.

店员 ❼您是用现金还是信用卡?
Nín shì yòng xiànjīn háishi xìnyòngkǎ?

顾客 刷卡吧。
Shuākǎ ba.

店员 好,请在这里签字。❽这是发票,请拿好。❾如果您需要
Hǎo, qǐng zài zhèli qiānzì. Zhè shì fāpiào, qǐng ná hǎo. Rúguǒ nín xūyào

退货或者换货,请带着发票到您结账的这个柜台来。
tuìhuò huòzhě huànhuò, qǐng dài zhe fāpiào dào nín jiézhàng de zhège guìtái lái.

顾客 好的,谢谢!
Hǎo de, xièxie!

店员 另外请注意,❿开封或使用后的商品不能退货。
Lìngwài qǐng zhùyì, kāifēng huò shǐyòng hòu de shāngpǐn bù néng tuìhuò.

顾客 知道了,谢谢你!
Zhīdao le, xièxie nǐ!

店员 不客气。欢迎再次光临!
Bú kèqi. Huānyíng zàicì guānglín!

해석

점원 현금으로 계산하시겠습니까, 아니면 신용카드로 계산하시겠습니까?
고객 카드로 결제할게요.
점원 네, 여기에 서명해 주세요. 여기 영수증이 있습니다. 받으세요.
혹시 환불이나 교환을 하시려면, 영수증을 가지고 계산하신 이곳으로 오시면 됩니다.
고객 네, 감사합니다!
점원 또 한 가지 꼭 기억해 주세요. 개봉 후나 사용 후에는 상품을 환불하실 수 없습니다.
고객 알겠습니다. 감사합니다.
점원 별말씀을요. 다음에 또 찾아 주세요!

02 면세점 이용 안내 (시내 면세점)

단어 生词

销售员	xiāoshòuyuán	판매원
(售货员	shòuhuòyuán	판매원)
专柜销售员	zhuānguì xiāoshòuyuán	담당판매원
久等	jiǔ děng	오래 기다리다
看中	kànzhòng	(보고) 마음에 들다
新商品	xīn shāngpǐn	신상품
打折	dǎ//zhé	할인하다
取货单	qǔhuòdān	구매 상품 교환권
购买	gòumǎi	구매하다
领取处	lǐngqǔchù	물품 인도장
离境	líjìng	출국하다
领取	lǐngqǔ	수령하다
海关法	hǎiguānfǎ	세관법
规定	guīdìng	규정
购物	gòu//wù	물품을 구매하다
特产	tèchǎn	특산품
当时	dāngshí	그때, 당시
谅解	liàngjiě	양해하다, 이해하다

보충단어 补充单词

[양 사]

- 盒　　　hé　　　갑, 곽 (뚜껑이 있는 상자를 세는 양사)
- 瓶　　　píng　　병 (병을 세는 양사)
- 件　　　jiàn　　건, 개 (일, 선물, 상의 등 옷을 세는 양사)
- 支　　　zhī　　　자루 (자루를 세는 양사)
- 套　　　tào　　　세트, 벌 (세트를 세는 양사)
- 包　　　bāo　　　봉투 (봉투 혹은 봉투 포장된 물건을 세는 양사)
- 对　　　duì　　　쌍 (남녀 혹은 한 쌍으로 되어 있는 물건을 세는 양사)
- 副　　　fù　　　쌍, 개 (신체 착용 양사)
- 双　　　shuāng　쌍 (왼쪽, 오른쪽 한 쌍으로 되어 있는 물건을 세는 양사)
- 台　　　tái　　　대 (전자 제품을 세는 양사)
- 条　　　tiáo　　벌, 보루 (바지나 치마 등 하의, 담배 보루를 세는 양사)
- 份　　　fèn　　　벌, 세트 (배합하여 한 벌이 되는 것을 세는 양사)

기본문장 基本句型

❶ 请问，有什么可以帮您的吗?
Qǐngwèn, yǒu shénme kěyǐ bāng nín de ma?
무엇을 도와드릴까요?

❷ 我去找专柜销售员过来。
Wǒ qù zhǎo zhuānguì xiāoshòuyuán guòlái.
제가 담당판매원을 불러오겠습니다.

❸ 对不起，让您久等了。
Duìbuqǐ, ràng nín jiǔ děng le.
오래 기다리시게 해서 죄송합니다.

❹ 请问，有看中的吗?
Qǐngwèn, yǒu kànzhòng de ma?
마음에 드시는 상품이 있으십니까?

❺ 这边是打折商品，新商品在那边。
Zhè biān shì dǎzhé shāngpǐn, xīn shāngpǐn zài nà biān.
이곳은 세일 상품이고, 신상품은 저쪽에 있습니다.

❻ **请拿好发票和取货单，您离境时在机场的商品领取处领取就可以了。**
Qǐng ná hǎo fāpiào hé qǔhuòdān, nín líjìng shí zài jīchǎng de shāngpǐn lǐngqǔchù lǐngqǔ jiù kěyǐ le.
영수증과 상품 교환권을 받으세요. 출국 시 공항 물품 인도장에서 상품을 찾으시면 됩니다.

❼ **我们会把您购买的商品送到机场的商品领取处。**
Wǒmen huì bǎ nín gòumǎi de shāngpǐn sòng dào jīchǎng de shāngpǐn lǐngqǔchù.
구입하신 상품은 공항 물품 인도장으로 운송해 드립니다.

❽ **为什么我现在不能拿走？**
Wèi shénme wǒ xiànzài bù néng ná zǒu?
왜 지금 물건을 가져가지 못하죠?

❾ **这是韩国海关法的规定，请您谅解。**
Zhè shì Hánguó Hǎiguānfǎ de guīdìng, qǐng nín liàngjiě.
한국의 세관법 규정이니, 양해 바랍니다.

❿ **外国人在市内免税店购物的话，只有韩国特产可以当时领取。**
Wàiguórén zài shìnèi miǎnshuìdiàn gòuwù de huà, zhǐyǒu Hánguó tèchǎn kěyǐ dāngshí lǐngqǔ.
외국인이 시내 면세점에서 물건을 구입하시면, 오직 한국 특산품만 바로 가져가실 수 있습니다.

회화 会话

店员1 欢迎光临!❶请问,有什么可以帮您的吗?
Huānyíng guānglín! Qǐngwèn, yǒu shénme kěyǐ bāng nín de ma?

顾客 我想买瓶香水。
Wǒ xiǎng mǎi píng xiāngshuǐ.

店员1 香水在这边,您先看看,❷我去找专柜销售员过来。
Xiāngshuǐ zài zhè biān, nín xiān kànkan, wǒ qù zhǎo zhuānguì xiāoshòuyuán guòlái.

顾客 好,谢谢你!
Hǎo, xièxie nǐ!

店员2 您好!❸对不起,让您久等了。❹请问,有看中的吗?
Nín hǎo! Duìbuqǐ, ràng nín jiǔ děng le. Qǐngwèn, yǒu kànzhòng de ma?

顾客 还没有。这些都是新商品吗?
Hái méiyǒu. Zhèxiē dōu shì xīn shāngpǐn ma?

店员2 不是。❺这边是打折商品,新商品在那边。
Bú shì. Zhè biān shì dǎzhé shāngpǐn, xīn shāngpǐn zài nà biān.

顾客 (选择后)我要这瓶。
(xuǎnzé hòu) Wǒ yào zhè píng.

店员2 好的,请跟我来,在这边结账。
Hǎo de, qǐng gēn wǒ lái, zài zhè biān jiézhàng.

해석

점원1 어서 오세요! 무엇을 도와드릴까요?
고 객 저는 향수를 사고 싶은데요.
점원1 향수는 이곳에 있습니다. 먼저 보고 계세요, 제가 담당판매원을 불러오겠습니다.
고 객 네, 감사합니다.
점원2 안녕하세요! 오래 기다리시게 해서 죄송합니다. 마음에 드시는 상품이 있으십니까?
고 객 아직 없어요. 여기는 모두 신상품이에요?
점원2 아니요, 이곳은 세일 상품이고, 신상품은 저쪽에 있습니다.
고 객 (선택 후) 저는 이거로 할게요.
점원2 알겠습니다, 저를 따라오세요, 이쪽에서 계산해 드리겠습니다.

店员2 （结账后）请拿好发票和取货单。
(jiézhàng hòu) Qǐng ná hǎo fāpiào hé qǔhuòdān.

❼我们会把您购买的商品送到机场的商品领取处。
Wǒmen huì bǎ nín gòumǎi de shāngpǐn sòng dào jīchǎng de shāngpǐn lǐngqǔchù.

您离境时在机场的商品领取处领取就可以了。
Nín líjìng shí zài jīchǎng de shāngpǐn lǐngqǔchù lǐngqǔ jiù kěyǐ le.

顾客 ❽为什么我现在不能拿走？
Wèi shénme wǒ xiànzài bù néng ná zǒu?

店员2 对不起，❾这是韩国海关法的规定，❿外国人在市内
Duìbuqǐ, zhè shì Hánguó Hǎiguānfǎ de guīdìng, wàiguórén zài shìnèi

免税店购物的话，只有韩国特产可以当时领取，
miǎnshuìdiàn gòuwù de huà, zhǐyǒu Hánguó tèchǎn kěyǐ dāngshí lǐngqǔ,

别的商品都要在机场的商品领取处领取。请您谅解。
biéde shāngpǐn dōu yào zài jīchǎng de shāngpǐn lǐngqǔchù lǐngqǔ. Qǐng nín liàngjiě.

顾客 好的，再见！
Hǎo de, zàijiàn!

店员2 请走好。
Qǐng zǒu hǎo.

해석
점원2 (계산 후) 영수증과 상품 교환권을 받으세요.
　　　구입하신 상품은 공항 물품 인도장으로 운송해 드립니다.
　　　출국 시 공항 물품 인도장에서 상품을 찾으시면 됩니다.
고 객 왜 지금 물건을 가져가지 못하죠?
점원2 죄송합니다, 한국의 세관법 규정상, 외국인이 시내 면세점에서 물건을 구입하시면,
　　　오직 한국 특산품만 바로 가져가실 수 있고,
　　　다른 상품은 공항 물품 인도장에서만 수령이 가능합니다. 양해 바랍니다.
고 객 알겠습니다, 안녕히 계세요!
점원2 조심히 가세요.

03 가격

단어 生词

随便	suíbiàn	마음대로
推荐	tuījiàn	추천하다
换算	huànsuàn	환산하다
大约	dàyuē	대략, 약
收	shōu	받다
找	zhǎo	거슬러 주다
付	fù	지불하다
不够	búgòu	모자라다
银联卡	Yínliánkǎ	은련카드(중국의 은행 연합 카드)
输入	shūrù	입력하다
密码	mìmǎ	비밀 번호

보충단어 补充单词

[화폐]

韩币 / 韩元	hánbì / hányuán	한화(₩)
美元 / 美金	měiyuán / měijīn	미국 달러($)
人民币	rénmínbì	인민폐(¥)
欧元	ōuyuán	유로화(€)
日元 / 日圆	rìyuán	엔화(¥)
汇率	huìlǜ	환율

[상품 크기/양 단위]

毫升	háoshēng	밀리리터(ml)
升	shēng	리터(l)
米 / 公尺	mǐ / gōngchǐ	미터(m)
厘米 / 公分	límǐ / gōngfēn	센티미터(cm)
毫米	háomǐ	밀리미터(mm)
公斤	gōngjīn	킬로그램(kg)
克	kè	그램(g)
宽	kuān	너비
长	cháng	높이

기본문장 基本句型

❶ 请随便看看！
Qǐng suíbiàn kànkan!
천천히 살펴 보세요!

❷ 能给我推荐一下吗?
Néng gěi wǒ tuījiàn yíxià ma?
추천 좀 해 주실 수 있나요?

❸ 换算成韩币是多少钱?
Huànsuàn chéng hánbì shì duōshao qián?
한화로 환산하면 얼마예요?

❹ 大约四万八千元韩币多一点儿。
Dàyuē sìwàn bāqiān yuán hánbì duō yìdiǎnr.
대략 4만8천원 좀 넘습니다.

❺ 贵了点儿, 有没有便宜点儿的?
Guì le diǎnr, yǒu méiyǒu piányi diǎnr de?
조금 비싸네요, 좀 싼 건 없나요?

❻ 这种是一盒13美元，三盒35美元的。
Zhè zhǒng shì yì hé shísān měiyuán, sān hé sānshíwǔ měiyuán de.
이건 한 상자에 13달러, 세 상자에 35달러입니다.

❼ 收您50美元，找您15美元。
Shōu nín wǔshí měiyuán, zhǎo nín shíwǔ měiyuán.
50달러 받았습니다. 15달러 거슬러 드리겠습니다.

❽ 您付美元还是韩币？
Nín fù měiyuán háishi hánbì?
달러로 계산하실 겁니까, 아니면 한화로 계산하실 겁니까?

❾ 我的韩币可能不够了，可以用中国的卡结账吗？
Wǒ de hánbì kěnéng búgòu le, kěyǐ yòng Zhōngguó de kǎ jiézhàng ma?
제가 가지고 있는 한화가 부족한데, 중국 카드로 계산할 수 있을까요?

❿ 这里可以用中国的银联卡结账。
Zhèlǐ kěyǐ yòng Zhōngguó de Yínliánkǎ jiézhàng.
여기는 중국의 은련카드로 계산하실 수 있습니다.

회화 会话

店员 欢迎光临！❶请随便看看！
Huānyíng guānglín! Qǐng suíbiàn kànkan!

顾客 我想看看韩国特产，❷能给我推荐一下吗？
Wǒ xiǎng kànkan Hánguó tèchǎn, néng gěi wǒ tuījiàn yíxià ma?

店员 好的。这边是人参制品，这边是韩国巧克力。
Hǎo de. Zhè biān shì rénshēn zhìpǐn, zhè biān shì Hánguó qiǎokèlì.

顾客 这个多少钱？
Zhège duōshao qián?

店员 这种是45美元的。
Zhè zhǒng shì sìshíwǔ měiyuán de.

顾客 ❸换算成韩币是多少钱？
Huànsuàn chéng hánbì shì duōshao qián?

店员 ❹大约四万八千元韩币多一点儿。
Dàyuē sìwàn bāqiān yuán hánbì duō yìdiǎnr.

顾客 ❺贵了点儿，有没有便宜点儿的？
Guì le diǎnr, yǒu méiyǒu piányi diǎnr de?

해석

- 점원: 어서 오세요! 천천히 살펴 보세요!
- 고객: 저는 한국 특산품을 좀 보고 싶은데요, 추천 좀 해 주실 수 있나요?
- 점원: 알겠습니다. 이쪽은 인삼 제품이고요, 이쪽은 한국 초콜릿입니다.
- 고객: 이건 얼마예요?
- 점원: 이건 45달러입니다.
- 고객: 한화로 환산하면 얼마예요?
- 점원: 대략 4만8천원 좀 넘습니다.
- 고객: 조금 비싸네요, 좀 싼 건 없나요?

店员 您看看这种，❻这种是一盒13美元，三盒35美元的。
Nín kànkan zhè zhǒng, zhè zhǒng shì yì hé shísān měiyuán, sān hé sānshíwǔ měiyuán de.

顾客 好吧，我要三盒35美元的。给你50美元。
Hǎo ba, wǒ yào sān hé sānshíwǔ měiyuán de. Gěi nǐ wǔshí měiyuán.

店员 ❼收您50美元，找您15美元。
Shōu nín wǔshí měiyuán, zhǎo nín shíwǔ měiyuán.

顾客 对了，我还要五盒5万元韩币的巧克力。
Duì le, wǒ hái yào wǔ hé wǔwàn yuán hánbì de qiǎokèlì.

店员 好的。❽您付美元还是韩币？
Hǎo de. Nín fù měiyuán háishi hánbì?

顾客 ❾我的韩币可能不够了，可以用中国的卡结账吗？
Wǒ de hánbì kěnéng búgòu le, kěyǐ yòng Zhōngguó de kǎ jiézhàng ma?

店员 ❿这里可以用中国的银联卡结账。
Zhèli kěyǐ yòng Zhōngguó de Yínliánkǎ jiézhàng.

顾客 那太好了。给你。
Nà tài hǎo le. Gěi nǐ.

店员 请输入密码。
Qǐng shūrù mìmǎ.

점원 이거 한번 보세요, 이건 한 상자에 13달러, 세 상자에 35달러입니다.
고객 좋아요, 세 상자에 35달러짜리 주세요. 여기 50달러요.
점원 50달러 받았습니다, 15달러 거슬러 드리겠습니다.
고객 맞다, 저 다섯 상자에 5만원짜리 초콜릿도 사야 돼요.
점원 네, 달러로 계산하실 겁니까, 아니면 한화로 계산하실 겁니까?
고객 제가 가지고 있는 한화가 부족한데, 중국 카드로 계산할 수 있을까요?
점원 여기는 중국의 은련카드로 계산하실 수 있습니다.
고객 그거 참 잘 됐네요, 여기 있어요.
점원 비밀 번호를 입력해 주세요.

04 화장품 (1)

단어 生词

效果	xiàoguǒ	효과
干性	gānxìng	건성
油性	yóuxìng	지성
牌子	páizi	상표, 브랜드
去皱 / 祛皱	qù//zhòu / qū//zhòu	주름을 없애다
长时间	cháng shíjiān	장시간
保湿	bǎoshī	보습이 되다
去斑 / 祛斑	qù//bān / qū//bān	기미를 제거하다
收缩	shōusuō	수축하다
毛孔	máokǒng	모공
功能	gōngnéng	기능, 효능
防晒指数	fángshài zhǐshù	SPF 지수
隔离	gélí	격리하다
紫外线	zǐwàixiàn	자외선
适合	shìhé	적합하다
户外活动	hùwài huódòng	야외 활동
清爽	qīngshuǎng	가뿐하고 시원하다
粘	nián	진득하게 붙다, 끈적이다
油腻	yóunì	기름지다
单独	dāndú	단독으로
包装	bāozhuāng	포장하다

보충단어 补充单词

[화장품 종류]

- 化妆水   huàzhuāngshuǐ   스킨, 토너
- 乳液   rǔyè   로션, 유액
- 洗面奶 / 卸妆油   xǐmiànnǎi / xièzhuāngyóu   클렌징 크림 / 클렌징 오일
- 眼霜   yǎnshuāng   아이크림
- 防晒霜   fángshàishuāng   선크림
- 精华液 / 精华素   jīnghuáyè / jīnghuásù   에센스, 세럼 / 앰플
- 唇膏   chúngāo   립스틱
- 粉底霜 / 粉底液   fěndǐshuāng / fěndǐyè   파운데이션
- 粉饼   fěnbǐng   파우더, 콤팩트
- 眼影   yǎnyǐng   아이쉐도우
- 面膜   miànmó   마스크
- 营养霜   yíngyǎngshuāng   영양 크림
- 日霜 / 晚霜   rìshuāng / wǎnshuāng   데이 크림 / 나이트 크림
- 护肤品   hùfūpǐn   기능성 화장품
- 气垫(BB霜)   qìdiàn(BBshuāng)   에어 쿠션(BB크림)

기본문장 基本句型

❶ 我想买一瓶效果好点儿的眼霜和精华液。
Wǒ xiǎng mǎi yì píng xiàoguǒ hǎo diǎnr de yǎnshuāng hé jīnghuáyè.
저는 효과 좋은 아이크림과 세럼을 좀 사고 싶어요.

❷ 您的皮肤是干性的还是油性的?
Nín de pífū shì gānxìng de háishi yóuxìng de?
고객님의 피부는 건성이십니까, 아니면 지성이십니까?

❸ 这个牌子的眼霜去皱效果特别好，而且可以长时间保湿。
Zhège páizi de yǎnshuāng qùzhòu xiàoguǒ tèbié hǎo, érqiě kěyǐ cháng shíjiān bǎoshī.
이 브랜드의 아이크림은 주름 제거 효과가 특별히 좋고, 게다가 장시간 보습 효과가 유지됩니다.

❹ 这种不但可以祛斑，还有收缩毛孔的功能。
Zhè zhǒng búdàn kěyǐ qūbān, hái yǒu shōusuō máokǒng de gōngnéng.
이건 기미 제거 효과가 있을 뿐만 아니라 모공 수축 기능도 있습니다.

❺ 另外我想带点儿防晒霜什么的送朋友。
Lìngwài wǒ xiǎng dài diǎnr fángshàishuāng shénme de sòng péngyou.
그 밖에 선크림 등을 친구들에게 선물하려고 합니다.

❻ 这种防晒霜的防晒指数很高，能长时间隔离紫外线，适合户外活动。
Zhè zhǒng fángshàishuāng de fángshài zhǐshù hěn gāo, néng cháng shíjiān gélí zǐwàixiàn, shìhé hùwài huódòng.
이 선크림은 자외선 차단 지수가 높아서 장시간 자외선을 차단해 주므로 야외 활동 시에 적합합니다.

❼ 这种比较清爽，不粘也不油腻。
Zhè zhǒng bǐjiào qīngshuǎng, bù nián yě bù yóunì.
이건 비교적 시원한 느낌으로 발라지고, 끈적이거나 번들거리지 않습니다.

❽ 每样给我拿三个吧。
Měi yàng gěi wǒ ná sān ge ba.
상품 종류별로 3개씩 주세요.

❾ 都要单独包装吗?
Dōu yào dāndú bāozhuāng ma?
따로따로 포장해 드릴까요?

❿ 请包装得漂亮点儿。
Qǐng bāozhuāng de piàoliang diǎnr.
예쁘게 포장해 주세요.

회화 会话

顾客 ❶ 我想买一瓶效果好点儿的眼霜和精华液。
Wǒ xiǎng mǎi yì píng xiàoguǒ hǎo diǎnr de yǎnshuāng hé jīnghuáyè.

店员 您是自己用还是送人?
Nín shì zìjǐ yòng háishi sòng rén?

顾客 我自己用。
Wǒ zìjǐ yòng.

店员 ❷ 您的皮肤是干性的还是油性的?
Nín de pífū shì gānxìng de háishi yóuxìng de?

顾客 有点儿干。
Yǒudiǎnr gān.

店员 那么您看看这个牌子的眼霜,去皱效果特别好,
Nàme nín kànkan zhè ge páizi de yǎnshuāng, qùzhòu xiàoguǒ tèbié hǎo,

而且可以长时间保湿。
érqiě kěyǐ cháng shíjiān bǎoshī.

顾客 好的。精华液哪种好呢? 最好是能祛斑的。
Hǎo de. Jīnghuáyè nǎ zhǒng hǎo ne? Zuìhǎo shì néng qūbān de.

店员 ❹ 这种不但可以祛斑,还有收缩毛孔的功能。
Zhè zhǒng búdàn kěyǐ qūbān, hái yǒu shōusuō máokǒng de gōngnéng.

해석

- 고 객: 저는 효과 좋은 아이크림과 세럼을 좀 사고 싶은데요.
- 점 원: 본인이 쓰실 겁니까, 아니면 선물하실 겁니까?
- 고 객: 제가 쓰려고요.
- 점 원: 고객님의 피부는 건성이십니까, 아니면 지성이십니까?
- 고 객: 약간 건조해요.
- 점 원: 이 브랜드의 아이크림 좀 보세요, 주름 제거 효과가 특별히 좋고,
  게다가 장시간 보습 효과가 유지됩니다.
- 고 객: 좋아요. 세럼은 어떤 것이 좋은가요? 기미 제거에 가장 좋은 것으로요.
- 점 원: 이건 기미 제거 효과가 있을 뿐만 아니라 모공 수축 기능도 있습니다.

顾客　好，就拿这种吧。
　　　Hǎo, jiù ná zhè zhǒng ba.

❺另外我想带点儿防晒霜什么的送朋友。
　Lìngwài wǒ xiǎng dài diǎnr fángshàishuāng shénme de sòng péngyou.

店员　❻这种防晒霜的防晒指数很高，
　　　Zhè zhǒng fángshàishuāng de fángshài zhǐshù hěn gāo,

能长时间隔离紫外线，适合户外活动。
néng cháng shíjiān gélí zǐwàixiàn, shìhé hùwài huódòng.

❼这种比较清爽，不粘也不油腻。
　zhè zhǒng bǐjiào qīngshuǎng, bù nián yě bù yóunì.

顾客　❽每样给我拿三个吧。
　　　Měi yàng gěi wǒ ná sān ge ba.

店员　好的。❾都要单独包装吗？
　　　Hǎo de. Dōu yào dāndú bāozhuāng ma?

顾客　对。❿请包装得漂亮点儿。
　　　Duì. Qǐng bāozhuāng de piàoliang diǎnr.

해석
　고 객　좋아요, 이거로 주세요.
　　　　그 밖에 선크림 등을 친구들에게 선물하려고 하는데요.
　점 원　이 선크림은 자외선 차단 지수가 높아서
　　　　장시간 자외선을 차단해 주므로 야외 활동 시에 적합합니다.
　　　　이건 비교적 시원한 느낌으로 발라지고, 끈적이거나 번들거리지 않습니다.
　고 객　상품 종류별로 3개씩 주세요.
　점 원　네, 따로따로 포장해 드릴까요?
　고 객　네, 예쁘게 포장해 주세요.

05 화장품 (2)

단어 生词

敏感性	mǐngǎnxìng	민감성
薄	báo	얇다, 얕다
过敏	guòmǐn	(약물이나 외부 자극에) 알레르기 반응을 보이다
感觉	gǎnjué	느낌, ~라고 느끼다
纯植物	chún zhíwù	순식물
成分	chéngfèn	성분
酒精	jiǔjīng	알코올
温和	wēnhé	온화하다, 따뜻하다
持久	chíjiǔ	오래 유지되다
基础	jīchǔ	기초
偏	piān	치우치다, 편향되다
深度	shēndù	깊이
产生	chǎnshēng	생기다
皱纹	zhòuwén	주름
配合	pèihé	배합하다
确实	quèshí	확실히
烦恼	fánnǎo	골치 아프다, 고민스럽다
建议	jiànyì	제기하다, 건의하다
蕴含	yùnhán	포함하다
提升	tíshēng	높아지다
含水量	hánshuǐliàng	수분 함량
乳液状	rǔyèzhuàng	로션 타입
润润	rùnrùn	촉촉하다, 눅눅하다

보충단어 补充单词

[화장품 기능]

- 混合性   hùnhéxìng   복합성
- 护肤   hù//fū   피부를 보호하다
- 预防衰老   yùfáng shuāilǎo   노화를 예방하다
- 滋养   zīyǎng   영양, 영양을 주다
- 抗氧化   kàngyǎnghuà   항산화
- 再生   zàishēng   재생
- 美白   měibái   미백
- 保湿   bǎoshī   보습이 되다
- 去皱 / 祛皱   qù//zhòu / qù//zhòu   주름을 없애다
- 去疤 / 祛疤   qù//bā / qū//bā   잡티를 제거하다
- 去斑 / 祛斑   qù//bān / qū//bān   기미를 제거하다
- 收缩毛孔   shōusuō máokǒng   모공을 수축하다
- 减脂   jiǎn//zhī   지방을 감소하다
- 卸妆   xiè//zhuāng   메이크업을 지우다
- 活肤   huófū   피부를 활성화하다

05 화장품(2)

기본문장 基本句型

❶ 这里有适合敏感性皮肤的护肤品吗?
Zhèlǐ yǒu shìhé mǐngǎnxìng pífū de hùfūpǐn ma?
여기 민감성 피부에 적합한 기능성 화장품 있나요?

❷ 我皮肤很薄，很容易过敏，而且常常感觉很干。
Wǒ pífū hěn báo, hěn róngyì guòmǐn, érqiě chángcháng gǎnjué hěn gān.
제 피부가 좀 얇은 편이라서요, 쉽게 트러블이 생기는 데다가 자주 건조함을 느껴요.

❸ 这种应该适合您。
Zhè zhǒng yīnggāi shìhé nín.
이건 분명히 고객님께 잘 맞으실 겁니다.

❹ 这种不含酒精，很温和，而且持久保湿。
Zhè zhǒng bù hán jiǔjīng, hěn wēnhé, érqiě chíjiǔ bǎoshī.
이건 알코올 성분이 없고요, 부드럽습니다. 게다가 보습 효과가 오래 지속됩니다.

❺ 我妈妈皮肤偏干。
Wǒ māma pífū piān gān.
저희 어머니는 피부가 건조한 편이세요.

❻ 皮肤需要深度滋养才行。
Pífū xūyào shēndù zīyǎng cái xíng.
피부 깊숙이 영양을 공급해야 합니다.

❼ 干性皮肤很容易产生皱纹。
Gānxìng pífū hěn róngyì chǎnshēng zhòuwén.
건성 피부는 주름이 잘 생깁니다.

❽ 这种护肤品有抗氧化的功能，能有效预防皮肤衰老。
Zhè zhǒng hùfūpǐn yǒu kàngyǎnghuà de gōngnéng, néng yǒuxiào yùfáng pífū shuāilǎo.
이 화장품은 항산화 기능도 있어서 피부 노화 방지에 효과가 있습니다.

❾ 它是乳液状的，使用后有润润的感觉，但是一点儿也不油腻。
Tā shì rǔyèzhuàng de, shǐyòng hòu yǒu rùnrùn de gǎnjué, dànshì yìdiǎnr yě bù yóunì.
이건 로션 타입이라서 사용 후에 촉촉한 느낌이 남아 있고, 전혀 번들거리지 않습니다.

❿ 那你各拿一套给我吧。
Nà nǐ gè ná yí tào gěi wǒ ba.
그럼 각각 한 세트씩 주세요.

회화 会话

顾客 ❶ 这里有适合敏感性皮肤的护肤品吗?
zhèlǐ yǒu shìhé mǐngǎnxìng pífū de hùfūpǐn ma?

店员 有，是您本人用吗?
Yǒu, shì nín běnrén yòng ma?

顾客 是的。❷ 我皮肤很薄，很容易过敏，而且常常感觉很干。
Shì de. Wǒ pífū hěn báo, hěn róngyì guòmǐn, érqiě chángcháng gǎnjué hěn gān.

店员 那么 ❸ 这种应该适合您，纯植物成分,
Nàme zhè zhǒng yīnggāi shìhé nín, chún zhíwù chéngfèn,

❹ 不含酒精，很温和，而且持久保湿。
bù hán jiǔjīng, hěn wēnhé, érqiě chíjiǔ bǎoshī.

顾客 听起来不错。我还想给我妈妈买一套基础护肤品。
Tīngqǐlái búcuò. Wǒ hái xiǎng gěi wǒ māma mǎi yí tào jīchǔ hùfūpǐn.

店员 您母亲多大年纪? 皮肤是干性的还是油性的?
Nín mǔqīn duōdà niánjì? Pífū shì gānxìng de háishi yóuxìng de?

顾客 ❺ 我妈妈50岁，皮肤偏干。
Wǒ māma wǔshí suì, pífū piān gān.

해석

- 고객: 여기 민감성 피부에 적합한 기능성 화장품 있나요?
- 점원: 있습니다. 고객님 본인이 쓰실 겁니까?
- 고객: 네. 제 피부가 좀 얇은 편이라서요, 쉽게 트러블이 생기는 데다가 자주 건조함을 느껴요.
- 점원: 그렇다면 이건 분명히 고객님께 잘 맞으실 겁니다. 순 식물성 성분으로 알코올 성분이 없고요, 부드럽습니다. 게다가 보습 효과가 오래 지속됩니다.
- 고객: 들어보니 괜찮네요. 저는 어머니께도 기초 기능성 화장품 세트를 사다 드리고 싶은데요.
- 점원: 고객님 어머님 연세가 어떻게 되세요? 피부가 건성이십니까, 아니면 지성이십니까?
- 고객: 저희 어머니는 50세시고요, 피부가 건조한 편이세요.

店员　50岁的话，❻皮肤需要深度滋养才行。而且❼干性皮肤
　　　Wǔshí suì de huà, pífū xūyào shēndù zīyǎng cái xíng. Érqiě gānxìng pífū

　　　很容易产生皱纹，所以要配合使用去皱的产品。
　　　hěn róngyì chǎnshēng zhòuwén, suǒyǐ yào pèihé shǐyòng qùzhòu de chǎnpǐn.

顾客　对，我妈妈确实很为皱纹烦恼。
　　　Duì, wǒ māma quèshí hěn wèi zhòuwén fánnǎo.

店员　那么我建议您买这套，这种护肤品蕴含活肤成分
　　　Nàme wǒ jiànyì nín mǎi zhè tào, zhè zhǒng hùfūpǐn yùnhán huófū chéngfèn

　　　不但能提升皮肤含水量，❽还有抗氧化的功能，
　　　búdàn néng tíshēng pífū hánshuǐliàng, hái yǒu kàngyǎnghuà de gōngnéng,

　　　能有效预防皮肤衰老。
　　　néng yǒuxiào yùfáng pífū shuāilǎo.

顾客　会不会很油腻呢?
　　　Huì bu huì hěn yóunì ne?

店员　不会的，您看，❾它是乳液状的，
　　　Bú huì de, nín kàn, tā shì rǔyèzhuàng de,

　　　使用后有润润的感觉，但是一点儿也不油腻。
　　　shǐyòng hòu yǒu rùnrùn de gǎnjué, dànshì yìdiǎnr yě bù yóunì.

顾客　❿那你各拿一套给我吧。
　　　Nà nǐ gè ná yí tào gěi wǒ ba.

해석

점원　50세시면, 피부 깊숙이 영양을 공급해야 합니다.
　　　그리고 건성 피부는 주름이 잘 생기기로 주름 개선 제품과 함께 사용하셔야 합니다.
고객　맞습니다. 요즘 어머니께서 확실히 주름 때문에 고민하세요.
점원　그러시다면 저는 이 상품을 추천해 드리겠습니다. 이 화장품은 피부 활성화 성분이 포함되어
　　　피부의 수분 함량을 올려줄 수 있을 뿐만 아니라, 항산화 기능도 있어서
　　　피부 노화 방지에 효과가 있습니다.
고객　번들거리지는 않나요?
점원　전혀요, 여기 보세요, 이건 로션 타입이라서
　　　사용 후에 촉촉한 느낌이 남아 있고, 전혀 번들거리지 않습니다.
고객　그럼 각각 한 세트씩 주세요.

06 향수

단어 生词

气质	qìzhì	기질, 자질
香型	xiāngxíng	향기 유형
淡	dàn	(색, 향이) 연하다, 오드 뚜왈렛
浓	nóng	(색, 향이) 진하다, 오드 퍼퓸
上班	shàng//bān	출근하다
闻	wén	향을 맡다
款	kuǎn	종류, 스타일
香味(儿)	xiāngwèi(r)	향기
清淡	qīngdàn	산뜻하다
高雅	gāoyǎ	우아하다
职业	zhíyè	직업
浓郁	nóngyù	짙다
晚会	wǎnhuì	디너 파티
神秘	shénmì	신비하다
瓶子	píngzi	(향수) 병
果香型	guǒxiāngxíng	과일향
甜美	tiánměi	달콤하다
受~欢迎	shòu ~ huānyíng	인기가 많다
年轻	niánqīng	젊다
可爱	kě'ài	귀엽다, 사랑스럽다

보충단어 补充单词

[색깔]

黑色	hēisè	검정색
灰色	huīsè	회색
白色	báisè	흰색
棕色 / 褐色	zōngsè / hèsè	갈색
红色	hóngsè	빨간색
粉红色	fěnhóngsè	분홍색
卡其色	kǎqísè	카키색
橙色	chéngsè	오렌지색
金色	jīnsè	금색
象牙色 / 米色	xiàngyásè / mǐsè	아이보리 / 미색
黄色	huángsè	노란색
绿色	lǜsè	녹색
天蓝色	tiānlánsè	하늘색
蓝色	lánsè	파란색
紫色	zǐsè	보라색

기본문장 基本句型

❶ 我看您的气质，花香型的应该很适合您。
Wǒ kàn nín de qìzhì, huāxiāngxíng de yīnggāi hěn shìhé nín.
제가 보기엔 꽃향기 향수가 고객님께 가장 적합할 거 같습니다.

❷ 您是喜欢淡点儿的香型还是浓点儿的香型？
Nín shì xǐhuan dàn diǎnr de xiāngxíng háishi nóng diǎnr de xiāngxíng?
고객님께서는 좀 옅은 향을 좋아하십니까, 아니면 좀 짙은 향을 좋아하십니까?

❸ 香味儿清淡高雅，最适合职业女性。
Xiāngwèir qīngdàn gāoyǎ, zuì shìhé zhíyè nǚxìng.
향이 산뜻하고 우아해서 직장 여성에게 가장 적합합니다.

❹ 旁边的这种也给我闻一下，可以吗？
Pángbiān de zhè zhǒng yě gěi wǒ wén yíxià, kěyǐ ma?
옆에 있는 이 상품도 향 좀 맡아 볼 수 있을까요?

❺ 这种比较浓郁的香水适合晚上使用，比如参加晚会的时候。
Zhè zhǒng bǐjiào nóngyù de xiāngshuǐ shìhé wǎnshang shǐyòng, bǐrú cānjiā wǎnhuì de shíhou.
이건 비교적 짙은 향수로 디너 파티에 참석하는 등의 저녁 시간에 사용하기에 적합합니다.

❻ **香味儿虽然很淡，但是给人一种神秘的感觉，而且香味儿非常持久。**

Xiāngwèir suīrán hěn dàn, dànshì gěi rén yì zhǒng shénmì de gǎnjué, érqiě xiāngwèir fēicháng chíjiǔ.

향은 비교적 옅지만, 맡으면 신비로운 느낌이 드는 데다가 향이 매우 오래 지속됩니다.

❼ **这是什么香味儿的?**

Zhè shì shénme xiāngwèir de?

이건 어떤 향이에요?

❽ **这种是果香型的，给人的感觉比较甜美。**

Zhè zhǒng shì guǒxiāngxíng de, gěi rén de gǎnjué bǐjiào tiánměi.

이건 과일향이라 비교적 달콤함을 느끼게 해 줍니다.

❾ **这款很受年轻女孩儿的欢迎。**

Zhè kuǎn hěn shòu niánqīng nǚháir de huānyíng.

이 상품은 젊은 여성들에게 인기가 많습니다.

❿ **这种应该很适合我妹妹，粉红色的瓶子也很可爱。**

Zhè zhǒng yīnggāi hěn shìhé wǒ mèimei, fěnhóngsè de píngzi yě hěn kě'ài.

이건 제 여동생에게 잘 어울리겠어요. 분홍색 병도 귀엽고요.

회화 会话

店员 您好！是买香水吗？
Nín hǎo! Shì mǎi xiāngshuǐ ma?

顾客 是的。
Shì de.

店员 是您自己用还是送给朋友？
Shì nín zìjǐ yòng háishi sòng gěi péngyou?

顾客 我自己也用，朋友的也要买。
Wǒ zìjǐ yě yòng, péngyou de yě yào mǎi.

店员 ❶我看您的气质，花香型的应该很适合您。
Wǒ kàn nín de qìzhì, huāxiāngxíng de yīnggāi hěn shìhé nín.

❷您是喜欢淡点儿的香型还是浓点儿的香型？
Nín shì xǐhuan dàn diǎnr de xiāngxíng háishi nóng diǎnr de xiāngxíng?

顾客 上班时用的，还是淡点儿的好。
Shàngbān shí yòng de, háishì dàn diǎnr de hǎo.

店员 那您闻闻这款，❸香味儿清淡高雅，最适合职业女性。
Nà nín wénwen zhè kuǎn, xiāngwèir qīngdàn gāoyǎ, zuì shìhé zhíyè nǚxìng.

顾客 ❹旁边的这种也给我闻一下，可以吗？
Pángbiān de zhè zhǒng yě gěi wǒ wén yíxià, kěyǐ ma?

 해석

점원 안녕하십니까? 향수 사시려고요?
고객 네.
점원 본인이 쓰실 겁니까, 아니면 친구에게 선물하실 겁니까?
고객 제가 쓰기도 하고, 친구에게도 선물하려고요.
점원 제가 보기엔 꽃향기 향수가 고객님께 가장 적합할 것 같습니다.
좀 옅은 향을 좋아하십니까, 아니면 좀 짙은 향을 좋아하십니까?
고객 출근할 때 쓸 거라서 아무래도 좀 옅은 게 낫겠어요.
점원 그럼 이 상품 향 좀 맡아 보세요, 향이 산뜻하고 우아해서 직장 여성에게 가장 적합합니다.
고객 옆에 있는 이 상품도 향 좀 맡아 볼 수 있을까요?

| 店员 | 当然可以。怎么样？❺ 这种比较浓郁的香水适合
Dāngrán kěyǐ. Zěnmeyàng? Zhè zhǒng bǐjiào nóngyù de xiāngshuǐ shìhé

晚上使用，比如参加晚会的时候。
wǎnshang shǐyòng, bǐrú cānjiā wǎnhuì de shíhou.

那您再闻闻这种，❻ 香味儿虽然很淡，
Nà nín zài wénwen zhè zhǒng, xiāngwèir suīrán hěn dàn,

但是给人一种神秘的感觉，而且香味儿非常持久。
dànshì gěi rén yì zhǒng shénmì de gǎnjué, érqiě xiāngwèir fēicháng chíjiǔ. |
| 顾客 | 嗯。咦？这个瓶子好可爱，❼ 这是什么香味儿的？
Èn. Yí? Zhège píngzi hǎo kě'ài, zhè shì shénme xiāngwèir de? |
| 店员 | ❽ 这种是果香型的，给人的感觉比较甜美。
Zhè zhǒng shì guǒxiāngxíng de, gěi rén de gǎnjué bǐjiào tiánměi.

❾ 这款很受年轻女孩儿的欢迎。
Zhè kuǎn hěn shòu niánqīng nǚháir de huānyíng. |
| 顾客 | 我要一瓶，❿ 这种应该很适合我妹妹，
Wǒ yào yì píng, zhè zhǒng yīnggāi hěn shìhé wǒ mèimei,

粉红色的瓶子也很可爱。
fěnhóngsè de píngzi yě hěn kě'ài. |

 해석

점원   당연히 되죠. 어떻습니까? 이건 비교적 짙은 향수로 디너 파티에 참석하는 등의
         저녁 시간에 사용하기에 적합합니다.
         이것도 한번 맡아보세요. 향은 비교적 옅지만,
         맡으면 신비로운 느낌이 드는 데다가 향이 매우 오래 지속됩니다.
고 객   네. 어? 이 병 정말 귀여워요. 이건 어떤 향이에요?
점 원   이건 과일향이라 비교적 달콤함을 느끼게 해 줍니다.
         이 상품은 젊은 여성들에게 인기가 많습니다.
고 객   한 병 주세요. 제 여동생에게 잘 어울리겠어요. 분홍색 병도 귀엽고요.

06 향수 45

07 가방

단어 生词

牛皮	niúpí	소가죽
新款	xīnkuǎn	(가방, 옷 등의 디자인) 신상품
小巧精致	xiǎoqiǎo jīngzhì	매우 정교하다
实用	shíyòng	실용적이다
容量	róngliàng	용량
口袋	kǒudài	주머니
大方	dàfang	(스타일이나 색 따위가) 고상하다, 점잖다, 세련되다
除了	chúle	~을 제외하고는
稍	shāo	조금
试背	shì bēi	(가방 등을) 메 보다
显得	xiǎnde	드러나다
凉快	liángkuai	시원하다
质量	zhìliàng	품질
结实	jiēshi	튼튼하다

보충단어 补充单词

[가방 종류]

- 公文包 — gōngwénbāo — 서류 가방
- 电脑包 — diànnǎobāo — 노트북 가방
- 化妆包 — huàzhuāngbāo — 화장품 가방
- 登山包 — dēngshānbāo — 등산 가방
- 手提包 — shǒutíbāo — 핸드백
- 背包 — bēibāo — 배낭
- 腰包 — yāobāo — 허리 전대
- 零钱包 — língqiánbāo — 동전 지갑
- 卡片包 — kǎpiànbāo — 카드 지갑
- 护照包 — hùzhàobāo — 여권 지갑
- 钥匙包 — yàoshibāo — 열쇠 지갑
- 行李箱 — xínglixiāng — 여행 가방, 캐리어

기본문장 基本句型

❶ 这个包是什么皮的?
Zhège bāo shì shénme pí de?
이 가방은 무슨 가죽이에요?

❷ 这是今年的新款。小巧精致,特别配您的气质。
Zhè shì jīnnián de xīnkuǎn. Xiǎoqiǎo jīngzhì, tèbié pèi nín de qìzhì.
이건 올해 신상품입니다. 매우 정교하게 만든 것으로 특히 고객님의 분위기와 잘 어울립니다.

❸ 我想买个更实用的。
Wǒ xiǎng mǎi ge gèng shíyòng de.
저는 더 실용적인 걸로 사고 싶어요.

❹ 这种包容量很大,里面有很多小口袋, 实用又大方。
Zhè zhǒng bāo róngliàng hěn dà, lǐmiàn yǒu hěn duō xiǎo kǒudài, shíyòng yòu dàfang.
이 가방은 수납 공간이 크고, 안에는 작은 주머니가 많아서 실용적이면서도 세련된 디자인입니다.

❺ 就只有这一种颜色的吗?
Jiù zhǐyǒu zhè yì zhǒng yánsè de ma?
이 색깔밖에 없나요?

❻ **除了黑色的，还有棕色的和米色的。**
Chúle hēisè de, hái yǒu zōngsè de hé mǐsè de.
검정색 외에 갈색과 미색이 있습니다.

❼ **您试背一下看看。**
Nín shì bēi yíxià kànkan.
한번 메 보세요.

❽ **颜色是不是太深了？**
Yánsè shì bu shì tài shēn le?
색깔이 너무 진하지 않아요?

❾ **那您换这个米色的试试。**
Nà nín huàn zhège mǐsè de shìshi.
그럼 이 미색으로 바꿔서 메 보세요.

❿ **夏天背这种颜色显得更凉快些。**
Xiàtiān bēi zhè zhǒng yánsè xiǎnde gèng liángkuai xiē.
여름에는 이런 색깔이 더 시원해 보입니다.

회화 会话

店员 欢迎光临！请慢慢儿看！
　　　Huānyíng guānglín! Qǐng mànmānr kàn!

顾客 ❶这个包是什么皮的？
　　　Zhège bāo shì shénme pí de?

店员 牛皮的，❷是今年的新款。
　　　Niúpí de, shì jīnnián de xīnkuǎn.

　　　小巧精致，特别配您的气质。
　　　Xiǎoqiǎo jīngzhì, tèbié pèi nín de qìzhì.

顾客 是很漂亮。不过❸我想买个更实用的。
　　　Shì hěn piàoliang. Búguò wǒ xiǎng mǎi ge gèng shíyòng de.

店员 那您看看这种，❹包的容量很大，
　　　Nà nín kànkan zhè zhǒng, bāo de róngliàng hěn dà,

　　　里面有很多小口袋，实用又大方。
　　　lǐmiàn yǒu hěn duō xiǎo kǒudài, shíyòng yòu dàfang.

顾客 ❺就只有这一种颜色的吗？
　　　Jiù zhǐyǒu zhè yì zhǒng yánsè de ma?

해석

점 원   어서 오세요! 천천히 보세요!
고 객   이 가방은 무슨 가죽이에요?
점 원   소가죽인데요, 올해 신상품입니다.
　　　　매우 정교하게 만든 것으로 특히 고객님의 분위기와 잘 어울립니다.
고 객   예쁘긴 한데요, 저는 더 실용적인 걸로 사고 싶어요.
점 원   그럼 이 가방 한번 보세요. 수납 공간이 크고,
　　　　안에 작은 주머니가 많아서 실용적이면서도 세련된 디자인입니다.
고 객   이 색깔밖에 없나요?

店员 ❻除了黑色的，还有棕色的和米色的。
Chúle hēisè de, hái yǒu zōngsè de hé mǐsè de.

顾客 给我棕色的看看。
Gěi wǒ zōngsè de kànkan.

店员 请稍等。我马上给您拿。❼您试背一下看看。
Qǐng shāo děng. Wǒ mǎshàng gěi nín ná. Nín shì bēi yíxià kànkan.

顾客 ❽颜色是不是太深了？
Yánsè shì bu shì tài shēn le?

店员 ❾那您换这个米色的试试。
Nà nín huàn zhège mǐsè de shìshi.

❿夏天背这种颜色显得更凉快些。
Xiàtiān bēi zhè zhǒng yánsè xiǎnde gèng liángkuai xiē.

顾客 （试背后）嗯，质量也不错，看起来很结实，就这个吧。
(shì bēi hòu) Èn, zhìliàng yě búcuò, kànqǐlái hěn jiēshi, jiù zhège ba.

해석

점원 검정색 외에 갈색과 미색이 있습니다.
고객 갈색 좀 보여주세요.
점원 잠시만요. 바로 가져다 드리겠습니다. 한번 메 보세요.
고객 색깔이 너무 진하지 않아요?
점원 그럼 이 미색으로 바꿔서 메 보세요. 여름에는 이런 색깔이 더 시원해 보입니다.
고객 (메 본 후) 음, 품질도 괜찮고, 튼튼해 보이고요, 이걸로 할게요.

08 의류

试穿	shì chuān	입어 보다
号	hào	치수
试衣间	shìyījiān	탈의실
大小	dàxiǎo	크기
倒(是)	dào(shi)	오히려, 의외로
亮	liàng	환하다
眼前	yǎnqián	눈 앞
年纪	niánjì	나이
好像	hǎoxiàng	마치 ~인 것 같다
镜子	jìngzi	거울
精神	jīngshen	기운, 생기
真丝	zhēnsī	비단, 실크
面料	miànliào	원단
水洗	shuǐxǐ	물세탁
干洗	gānxǐ	드라이클리닝
退换	tuìhuàn	(상품을) 교환이나 환불하다
一定	yídìng	반드시

보충단어 补充单词

[의류 종류]

- 领带　　　　　lǐngdài　　　　　　　넥타이
- 丝巾　　　　　sījīn　　　　　　　　비단 스카프
- 裤子　　　　　kùzi　　　　　　　　바지
- 牛仔裤　　　　niúzǎikù　　　　　　청바지
- 裙子　　　　　qúnzi　　　　　　　치마
- 连衣裙　　　　liányīqún　　　　　　원피스
- T恤　　　　　Txù　　　　　　　　티셔츠
- 毛衣　　　　　máoyī　　　　　　　스웨터
- 衬衫　　　　　chènshān　　　　　　와이셔츠
- 女式衬衫　　　nǚshì chènshān　　　블라우스
- 大衣　　　　　dàyī　　　　　　　　외투
- 西装 / 正装　　xīzhuāng / zhèngzhuāng　　양복 / 정장
- 皮鞋　　　　　píxié　　　　　　　　구두

기본문장 基本句型

❶ 喜欢的话可以试穿。
Xǐhuan de huà kěyǐ shì chuān.
마음에 드시면 입어보실 수 있습니다.

❷ 把这件连衣裙拿给我看看，好吗?
Bǎ zhè jiàn liányīqún ná gěi wǒ kànkan, hǎo ma?
이 원피스 좀 보여 주시겠어요?

❸ 请问，您穿什么/多大号的?
Qǐngwèn, nín chuān shénme / duōdà hào de?
실례지만, 고객님 옷 사이즈가 어떻게 되세요?

❹ 这是M的，试衣间在那边。
Zhè shì M de, shìyījiān zài nà biān.
M 사이즈 여기 있습니다. 탈의실은 저쪽에 있습니다.

❺ 大小倒(是)很合适，就是颜色太亮了。
Dàxiǎo dào(shì) hěn héshì, jiùshì yánsè tài liàng le.
크기는 딱 맞는데 색깔이 너무 밝아요.

❻ 您刚才出来时，我觉得眼前一亮呢。
Nín gāngcái chūlái shí, wǒ juéde yǎnqián yí liàng ne.
고객님 방금 입고 나오실 때, 정말 환해 보였습니다.

❼ 可是我这个年纪好像不太适合。
Kěshì wǒ zhège niánji hǎoxiàng bú tài shìhé.
그렇지만 제 나이에는 맞지 않는 것 같아요.

❽ 比刚才看起来年轻多了！
Bǐ gāngcái kànqǐlái niánqīng duō le!
좀 전보다 몇 년은 젊어 보이세요!

❾ 这是真丝面料的，不能水洗，只能干洗。
Zhè shì zhēnsī miànliào de, bù néng shuǐxǐ, zhǐ néng gānxǐ.
이건 실크 원단이어서 물세탁 하시면 안 되고, 드라이클리닝만 하셔야 됩니다.

❿ 真丝制品不能退换。
Zhēnsī zhìpǐn bù néng tuìhuàn.
실크 제품은 교환이나 환불을 하실 수 없습니다.

회화 会话

店员 欢迎光临！请随便看看。❶喜欢的话可以试穿。
Huānyíng guānglín! Qǐng suíbiàn kànkan. Xǐhuan de huà kěyǐ shì chuān.

顾客 ❷把这件连衣裙拿给我看看，好吗?
Bǎ zhè jiàn liányīqún ná gěi wǒ kànkan, hǎo ma?

店员 ❸请问，您穿什么号的?
Qǐngwèn, nín chuān shénme hào de?

顾客 我一般穿M的。
Wǒ yìbān chuān M de.

店员 ❹这是M的，试衣间在那边。
Zhè shì M de, shìyījiān zài nà biān.

顾客 (从试衣间出来)大小倒❺(是)很合适，就是颜色太亮了。
(cóng shìyījiān chūlái) Dàxiǎo dào(shì) hěn héshì, jiùshì yánsè tài liàng le.

店员 我觉得很好看啊！
Wǒ juéde hěn hǎokàn a!

❻您刚才出来时，我觉得眼前一亮呢。
Nín gāngcái chūlái shí, wǒ juéde yǎnqián yí liàng ne.

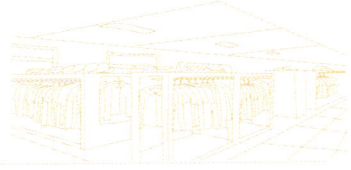

해석

점 원	어서 오세요! 천천히 살펴 보세요. 마음에 드시면 입어보실 수 있습니다.
고 객	이 원피스 좀 보여 주시겠어요?
점 원	실례지만, 고객님 옷 사이즈가 어떻게 되세요?
고 객	저는 보통 M 사이즈를 입어요.
점 원	M 사이즈 여기 있습니다. 탈의실은 저쪽에 있습니다.
고 객	크기는 딱 맞는데, 색깔이 너무 밝아요.
점 원	제가 보기엔 정말 예쁩니다!
	고객님 방금 입고 나오실 때, 정말 환해 보였습니다.

顾客　❼可是我这个年纪好像不太适合。
Kěshì wǒ zhège niánjì hǎoxiàng bú tài shìhé.

店员　不会的，您照照镜子，多精神啊！
Bú huì de, nín zhàozhao jìngzi, duō jīngshen a!

❽比刚才看起来年轻多了！
Bǐ gāngcái kànqǐlái niánqīng duō le!

顾客　好吧，那就买这件吧。
Hǎo ba, nà jiù mǎi zhè jiàn ba.

店员　❾这是真丝面料的，不能水洗，只能干洗。
Zhè shì zhēnsī miànliào de, bù néng shuǐxǐ, zhǐ néng gānxǐ.

而且❿真丝制品不能退换，所以请您一定看好。
Érqiě zhēnsī zhìpǐn bù néng tuìhuàn, suǒyǐ qǐng nín yídìng kàn hǎo.

顾客　好的，知道了。
Hǎo de, zhīdao le.

해석

고 객　그렇지만 제 나이에는 맞지 않는 것 같아요.
점 원　아닙니다. 거울 한번 보세요, 얼마나 생기 있어 보이시는데요!
　　　좀 전보다 몇 년은 젊어 보이세요!
고 객　좋아요, 그럼 한 벌 주세요.
점 원　이건 실크 원단이어서 물세탁 하시면 안 되고, 드라이클리닝만 하셔야 됩니다.
　　　그리고 실크 제품은 교환이나 환불을 하실 수 없으니 잘 보셔야 합니다.
고 객　네, 알겠어요.

09 담배와 주류

단어 生词

中华烟	Zhōnghuáyān	중화 담배
限购	xiàngòu	구매 제한
免费	miǎnfèi	무료
品尝	pǐncháng	맛보다
口感	kǒugǎn	입맛(입과 입안에 느껴지는 느낌 및 맛)
味道	wèidào	맛
品牌	pǐnpái	상표
根据	gēnjù	~에 근거하다
醇厚	chúnhòu	깔끔하고 진하다
南部	nánbù	남부
生产	shēngchǎn	생산하다
冰镇	bīngzhèn	(얼음 등으로) 차게 하다
饮用	yǐnyòng	마시다
特有	tèyǒu	특유하다, 고유하다
覆盆子	fùpénzǐ	복분자
原料	yuánliào	원료
制造	zhìzào	제조하다
甜味儿	tiánwèir	단맛
喜爱	xǐ'ài	애호(하다)

보충단어 补充单词

[주류 종류]

度数	dùshù	도수
洋酒	yángjiǔ	양주
威士忌	wēishìjì	위스키
伏特加(酒)	fútèjiā(jiǔ)	보드카
高粱酒	gāoliángjiǔ	고량주
白酒	báijiǔ	백주, 배갈
葡萄酒 / 红酒	pútáojiǔ / hóngjiǔ	포도주 / 와인
米酒	mǐjiǔ	막걸리
烧酒	shāojiǔ	소주
清酒	qīngjiǔ	청주
覆盆子酒	fùpénzǐjiǔ	복분자주
果酒	guǒjiǔ	과실주

기본문장 基本句型

❶ 这边是韩国烟，这边是中国烟，这边是美国和欧洲的。
Zhè biān shì Hánguó yān, zhè biān shì Zhōngguó yān, zhè biān shì Měiguó hé Ōuzhōu de.
이쪽은 한국 담배이고, 이쪽은 중국 담배, 이쪽은 미국과 유럽 담배입니다.

❷ 中华烟每人限购一条。
Zhōnghuáyān měi rén xiàngòu yì tiáo.
중화 담배는 1인당 한 보루까지만 구매하실 수 있습니다.

❸ 现在有免费品尝活动，请尝一尝。
Xiànzài yǒu miǎnfèi pǐncháng huódòng, qǐng cháng yi cháng.
지금 무료 시음 행사를 하고 있으니, 한번 드셔 보세요.

❹ 这酒的口感不错，这些都是一样的味道吗?
Zhè jiǔ de kǒugǎn búcuò, zhèxiē dōu shì yíyàng de wèidào ma?
이 술맛이 괜찮은데요, 여기 있는 것들은 모두 같은 맛인가요?

❺ 虽然品牌相同，但是根据年份不同，味道也有些不一样。
Suīrán pǐnpái xiāngtóng, dànshì gēnjù niánfèn bù tóng, wèidào yě yǒuxiē bù yíyàng.
같은 상표인데 제조 연도가 다르고, 맛 또한 다릅니다.

❻ 年份越久，味道越醇厚。
Niánfèn yuè jiǔ, wèidào yuè chúnhòu.
제조 연도가 오래될수록 맛도 진합니다.

❼ 这是法国南部生产的一级红酒，味道浓郁。
Zhè shì Fǎguó nánbù shēngchǎn de yìjí hóngjiǔ, wèidào nóngyù.
이건 프랑스 남부에서 생산한 1등급 와인으로, 맛이 진합니다.

❽ 冰镇后饮用的话口感更好。
Bīngzhèn hòu yǐnyòng de huà kǒugǎn gèng hǎo.
차갑게 드시면 맛이 더욱 좋습니다.

❾ 覆盆子酒是以新鲜的覆盆子为原料制造的果酒。
Fùpénzǐjiǔ shì yǐ xīnxiān de fùpénzǐ wéi yuánliào zhìzào de guǒjiǔ.
복분자주는 신선한 복분자를 원료로 만든 과실주입니다.

❿ 味道带点儿甜味儿，对身体也很好，很受女性和老年人的喜爱。
Wèidào dài diǎnr tiánwèir, duì shēntǐ yě hěn hǎo, hěn shòu nǚxìng hé lǎoniánrén de xǐ'ài.
약간 단맛도 있고, 건강에도 좋아서 여성과 노인들에게 사랑받고 있습니다.

회화 会话

顾客	我想看看烟。 Wǒ xiǎng kànkan yān.
店员	❶这边是韩国烟，这边是中国烟， Zhè biān shì Hánguó yān, zhè biān shì Zhōngguó yān, 这边是美国和欧洲的。请慢慢儿看！ zhè biān shì Měiguó hé Ōuzhōu de. Qǐng mànmānr kàn!
顾客	这种中华烟给我拿三条。 Zhè zhǒng Zhōnghuáyān gěi wǒ ná sān tiáo.
店员	对不起，❷中华烟每人限购一条。 Duìbuqǐ, Zhōnghuáyān měi rén xiàngòu yì tiáo.
顾客	那给我一条吧。请问，酒在哪里？ Nà gěi wǒ yì tiáo ba. Qǐngwèn, jiǔ zài nǎli?
店员	请到这边来。❸现在有免费品尝活动，请尝一尝。 Qǐng dào zhè biān lái. Xiànzài yǒu miǎnfèi pǐncháng huódòng, qǐng cháng yi cháng.
顾客	(品尝后)❹这酒的口感不错，这些都是一样的味道吗？ (pǐncháng hòu) Zhè jiǔ de kǒugǎn búcuò, zhèxiē dōu shì yíyàng de wèidào ma?

해석

고 객 : 저는 담배 좀 보고 싶은데요.
점 원 : 이쪽은 한국 담배이고, 이쪽은 중국 담배,
이쪽은 미국과 유럽 담배입니다. 천천히 보세요!
고 객 : 이 중화 담배 세 보루 주세요.
점 원 : 죄송합니다만, 중화 담배는 1인당 한 보루까지만 구매하실 수 있습니다.
고 객 : 그럼 한 보루 주세요. 실례지만, 술은 어디 있죠?
점 원 : 이쪽으로 오세요. 지금 무료 시음 행사를 하고 있으니, 한번 드셔 보세요.
고 객 : (맛을 본 후) 이 술맛이 괜찮은데요, 여기 있는 것들은 모두 같은 맛인가요?

店员 ❺虽然品牌相同，但是根据年份不同，
Suīrán pǐnpái xiāngtóng, dànshì gēnjù niánfèn bù tóng,

味道也有些不一样。❻年份越久，味道越醇厚。
wèidào yě yǒuxiē bù yíyàng. Niánfèn yuè jiǔ, wèidào yuè chúnhòu.

顾客 这种是……？
Zhè zhǒng shì ……?

店员 ❼这是法国南部生产的一级红酒，味道浓郁，
Zhè shì Fǎguó nánbù shēngchǎn de yījí hóngjiǔ, wèidào nóngyù,

❽冰镇后饮用的话口感更好。
bīngzhèn hòu yǐnyòng de huà kǒugǎn gèng hǎo.

顾客 好是好，就是贵了点儿。 这是韩国的红酒吗？
Hǎo shì hǎo, jiùshì guì le diǎnr. Zhè shì Hánguó de hóngjiǔ ma?

店员 这是韩国特有的覆盆子酒，❾是以新鲜的覆盆子为原料
Zhè shì Hánguó tèyǒu de fùpénzǐjiǔ, shì yǐ xīnxiān de fùpénzǐ wéi yuánliào

制造的果酒。❿味道带点儿甜味儿，对身体也很好，
zhìzào de guǒjiǔ. Wèidào dài diǎnr tiánwèir, duì shēntǐ yě hěn hǎo,

很受女性和老年人的喜爱。
hěn shòu nǚxìng hé lǎoniánrén de xǐ'ài.

점원 같은 상표인데 제조 연도가 다르고, 맛 또한 다릅니다.
제조 연도가 오래될수록 맛도 진합니다.
고객 이건……?
점원 이건 프랑스 남부에서 생산한 1등급 와인으로, 맛이 진하고,
차갑게 드시면 맛이 더욱 좋습니다.
고객 좋긴 한데 좀 비싼 편이네요. 이것은 한국의 와인인가요?
점원 이것은 한국 고유의 복분자주인데요, 신선한 복분자를 원료로 만든 과실주입니다.
약간 단맛도 있고, 건강에도 좋아서 여성과 노인들에게 사랑받고 있습니다.

10 식품류

단어 生词

浓缩液	nóngsuōyè	농축액
服用	fúyòng	복용(하다)
勺儿	sháor	스푼
高纯度	gāo chúndù	고순도
补气	bǔ//qì	기를 보충하다
补血	bǔ//xuè	보혈하다
功效	gōngxiào	효능, 효과
提高	tí//gāo	향상시키다
人体	réntǐ	인체
免疫力	miǎnyìlì	면역력
抗疲劳	kàngpíláo	항피로
并且	bìngqiě	더욱이
强心健胃	qiángxīn jiànwèi	심장과 위 등을 건강하게 하다
六年根	liù nián gēn	6년근
冲服	chōngfú	(물이나 술 등에) 약을 타 먹다
即	jí	곧, 즉, 바로
养颜	yǎngyán	미용 효과가 있다
携带	xiédài	휴대하다, 지니다
济州岛	Jìzhōudǎo	제주도
清香	qīngxiāng	상쾌한 향기, 맑고 향기롭다

보충단어 补充单词

[식품 종류]

- 红参 — hóngshēn — 홍삼
- 红参精 — hóngshēnjīng — 홍삼진액
- 红参茶 — hóngshēnchá — 홍삼차
- 红参糖 — hóngshēntáng — 홍삼사탕
- 红参切片 — hóngshēn qiēpiàn — 홍삼절편
- 泡菜 — pàocài — 김치
- 海苔 / 紫菜 — hǎitái / zǐcài — 김
- 保健品 — bǎojiànpǐn — 건강 보조 식품
- 综合维生素 — zōnghé wéishēngsù — 종합 비타민
- 深海鱼油 — shēnhǎi yúyóu — 오메가3
- 钙片 — gàipiàn — 칼슘제
- 女性专用营养剂 — nǚxìng zhuānyòng yíngyǎngjì — 여성 전용 영양제
- 巧克力 — qiǎokèlì — 초콜릿
- 柑橘 — gānjú — 감귤

기본문장 基本句型

❶ 我们这里有红参产品,您要哪种?
Wǒmen zhèli yǒu hóngshēn chǎnpǐn, nín yào nǎ zhǒng?
저희 매장에는 홍삼 제품이 있습니다, 어떤 제품이 필요하십니까?

❷ 这种红参精怎么服用?
Zhè zhǒng hóngshēnjīng zěnme fúyòng?
이 홍삼진액은 어떻게 복용하나요?

❸ 这是高纯度的红参浓缩液,每次服用一小勺儿就可以了。
Zhè shì gāo chúndù de hóngshēn nóngsuōyè, měi cì fúyòng yì xiǎo sháor jiù kěyǐ le.
이건 고순도의 홍삼농축액으로, 매번 작은 한 스푼씩 복용하시면 됩니다.

❹ 红参有补气补血的功效,长期服用可以提高人体免疫力。
Hóngshēn yǒu bǔqì bǔxuè de gōngxiào, chángqī fúyòng kěyǐ tígāo réntǐ miǎnyìlì.
홍삼은 보기와 보혈의 효과가 있고, 장기간 복용하면 인체 면역력이 향상됩니다.

❺ 这是六年根的红参茶,里面有100小包。
Zhè shì liù nián gēn de hóngshēnchá, lǐmiàn yǒu yìbǎi xiǎo bāo.
이건 6년근 홍삼차입니다. 안에는 작은 걸로 100포 들어 있습니다.

❻ **每次取一小包用水冲服即可，养颜补气，携带方便。**
Měi cì qǔ yì xiǎo bāo yòng shuǐ chōngfú jí kě, yǎngyán bǔqì, xiédài fāngbiàn.
매번 한 포씩 물로 복용하시면 됩니다. 미용 효과가 있고, 기를 보충해 주며, 휴대하기도 편리합니다.

❼ **您还要不要看看这边的巧克力，有各种口味的。**
Nín hái yào bu yào kànkan zhè biān de qiǎokèlì, yǒu gè zhǒng kǒuwèi de.
이쪽에 있는 초콜릿도 좀 보시겠습니까? 여러 맛이 있습니다.

❽ **巧克力的味道中含有柑橘的清香，很受欢迎。**
Qiǎokèlì de wèidào zhōng hán yǒu gānjú de qīngxiāng, hěn shòu huānyíng.
초콜릿에 감귤의 향긋한 향이 나서 인기가 많습니다.

❾ **这是海苔吗？给我拿两包。**
Zhè shì hǎitái ma? Gěi wǒ ná liǎng bāo.
이건 김인가요? 2봉 주세요.

❿ **放在一个包装袋里可以吗？**
Fàng zài yí ge bāozhuāngdài li kěyǐ ma?
함께 포장해 드려도 될까요?

회화 会话

顾客: 我想看看红参产品。
Wǒ xiǎng kànkan hóngshēn chǎnpǐn.

店员: ❶我们这里有红参茶、红参浓缩液、红参切片、
Wǒmen zhèlǐ yǒu hóngshēnchá, hóngshēn nóngsuōyè, hóngshēn qiēpiàn,

红参糖等等，您要哪种？
hóngshēntáng děngděng, nín yào nǎ zhǒng?

顾客: ❷这种红参精怎么服用？
Zhè zhǒng hóngshēnjīng zěnme fúyòng?

店员: ❸这是高纯度的红参浓缩液，每次服用一小勺儿
Zhè shì gāo chúndù de hóngshēn nóngsuōyè, měi cì fúyòng yì xiǎo sháor

就可以了。❹红参有补气补血的功效，长期服用可以
jiù kěyǐ le. Hóngshēn yǒu bǔqì bǔxuè de gōngxiào, chángqī fúyòng kěyǐ

提高人体免疫力、抗疲劳，并且强心健胃。
tígāo réntǐ miǎnyìlì、kàngpíláo, bìngqiě qiángxīn jiànwèi.

顾客: 这是什么？
Zhè shì shénme?

해석

고 객: 저는 홍삼 상품을 보고 싶은데요.
점 원: 저희 매장에는 홍삼차, 홍삼농축액, 홍삼절편, 홍삼사탕 등이 있는데, 어떤 제품이 필요하십니까?
고 객: 이 홍삼진액은 어떻게 복용하나요?
점 원: 이건 고순도의 홍삼농축액으로, 매번 작은 한 스푼씩 복용하시면 됩니다.
홍삼은 보기와 보혈의 효과가 있고, 장기간 복용하시면
인체 면역력이나 피로를 이겨내는 능력이 향상되고, 심장과 위 등을 강화시키실 수 있습니다.
고 객: 이건 뭐예요?

店员 ⑤这是六年根的红参茶，里面有100小包。⑥每次取
Zhè shì liù nián gēn de hóngshēnchá, lǐmiàn yǒu yìbǎi xiǎo bāo. Měi cì qǔ

一小包用水冲服即可，养颜补气，携带方便。
yì xiǎo bāo yòng shuǐ chōngfú jí kě, yǎngyán bǔqì, xiédài fāngbiàn.

顾客 我要四盒这样的红参茶。
Wǒ yào sì hé zhèyàng de hóngshēnchá.

店员 好的。⑦您还要不要看看这边的巧克力，
Hǎo de. Nín hái yào bu yào kànkan zhè biān de qiǎokèlì,

有各种口味的。这是济州岛柑橘巧克力，
yǒu gè zhǒng kǒuwèi de. Zhè shì Jìzhōudǎo gānjú qiǎokèlì,

⑧巧克力的味道中含有柑橘的清香，很受欢迎。
qiǎokèlì de wèidào zhōng hán yǒu gānjú de qīngxiāng, hěn shòu huānyíng.

顾客 巧克力就不要了。⑨这是海苔吗？给我拿两包。
Qiǎokèlì jiù búyào le. Zhè shì hǎitái ma? Gěi wǒ ná liǎng bāo.

店员 好的。⑩放在一个包装袋里可以吗？
Hǎo de. Fàng zài yí ge bāozhuāngdài li kěyǐ ma?

顾客 可以。
Kěyǐ.

해석

점원 이건 6년근 홍삼차입니다. 안에는 작은 갑로 100포 들어 있습니다.
매번 한 포씩 물로 복용하시면 됩니다. 미용 효과도 있고, 기를 보충해 주며, 휴대하기도 편리합니다.
고객 저는 이런 홍삼차 4박스 필요해요.
점원 좋습니다. 이쪽에 있는 초콜릿도 좀 보시겠습니까?
여러 맛이 있습니다. 이것은 제주도 감귤초콜릿으로
초콜릿에 감귤의 향긋한 향이 나서 인기가 많습니다.
고객 초콜릿은 필요 없습니다. 이건 김인가요? 2봉 주세요.
점원 네, 알겠습니다. 함께 포장해 드려도 될까요?
고객 네, 그렇게 해 주세요.

브랜드명

화장품 & 향수

香奈儿 Xiāngnài'ěr 샤넬(CHANEL)
迪奥 Dí'ào (크리스챤)디올(C.DIOR)
博柏利 Bóbǎilì 버버리(BURBERRY)
兰蔻 Lánkòu 랑콤(LANCOME)
雅诗兰黛 Yǎshīlándài 에스티로더(ESTEE LAUDER)
资生堂 Zīshēngtáng 시세이도(SHISEIDO)
希思黎 Xīsīlí 시슬리(SISLEY)
倩碧 Qiànbì 클리니크(CLINIQUE)
碧欧泉 Bì'ōuquán 비오뗌(BIOTHERM)
赫莲娜 Hèliánnà 헬레나 루빈스타인(HR)
(HELENA RUBINSTEIN)
伊丽莎白·雅顿 Yīlìshābái·Yǎdùn
엘리자베스아덴(ELIZABETH ARDEN)
毕扬 Bìyáng 비잔(BIJAN)
欢乐 Huānlè 조이(JOY)
蒂芙尼 Dìfúní 티파니(TIFFANY)
迪娃 Díwá 디바(Diva)
圣罗兰 Shèngluólán 입쌩 로랑(YSL)
(Yves Saint Laurent)
欧舒丹 Ōushūdān 록시땅(L'OCCITANE)
高田贤三 Gāotiánxiánsān 겐조(KENZO)
古驰 Gǔqí 구찌(GUCCI)
宝格丽 Bǎogélì 불가리(BVLGARI)
爱茉莉 Àimòlì 아모레(AMORE)
雪花秀 Xuěhuāxiù 설화수(SULWHASOO)
赫拉 Hèlā 헤라(HERA)
梦妆 Mèngzhuāng 마몽드(MAMONDE)
兰芝 Lánzhī 라네즈(LANEIGE)
悦诗风吟 Yuèshīfēngyín 이니스프리(INNISFREE)
思亲肤 Sīqīnfū 스킨푸드(SKIN FOOD)
魔法森林 Mófǎsēnlín 토니모리(TONY MOLY)
菲诗小铺 Fēishīxiǎopù 더페이스샵
(THE FACE SHOP)

爱丽(小屋) Àilì(xiǎowū) 에뛰드(하우스)
(ETUDE HOUSE)
迷尚 Míshàng 미샤(MISSHA)
美体小铺 Měitǐxiǎopù 더바디샵(THE BODY SHOP)
欧蕙 Ōuhuì 오휘(O HUI)
艾诺碧 Āinuòbì 아이오페(IOPE)
自然乐园 Zìránlèyuán 네이처리퍼블릭
(Nature Republic)
美迪惠尔 Měidíhuì'ěr 메디힐(MEDI HEAL)
奇迹 Qíjì 게리쏭(GUERISSON)
伊思 Yīsī 잇츠스킨(IT'S SKIN)
Whoo后 Whoo hòu 후(Whoo)

가방 & 의류

香奈儿 Xiāngnài'ěr 샤넬(CHANEL)
路易威登 Lùyìwēidēng 루이비통(LOUIS VUITTON)
迪奥 Dí'ào (크리스챤)디올(C.DIOR)
博柏利 Bóbǎilì 버버리(BURBERRY)
普拉达 Pǔlādá 프라다(PRADA)
范思哲 Fànsīzhé 베르사체(VERSACE)
纪梵希 Jìfánxī 지방시(GIVENCHY)
高田贤三 Gāotiánxiánsān 겐조(KENZO)
古驰 Gǔqí 구찌(GUCCI)
雷朋 Léipéng 레이밴(RAYBAN)
巴利 Bālì 발리(BALLY)
宝格丽 Bǎogélì 불가리(BVLGARI)
登喜路 Dēngxǐlù 던힐(DUNHILL)
蒂芙尼 Dìfúní 티파니(TIFFANY)
浪凡 Làngfán 랑방(LANVIN)
赛琳 Sàilín 샐린느(CELINE)

70

담배와 주류

1. 담배

万宝路 Wànbǎolù 말보로(MARLBORO)
骆驼 Luòtuo 카멜(CAMEL)
三五 Sānwǔ 555
大卫杜夫 Dàwèidùfū 다비도프(DAVIDOFF)
箭牌 Jiànpái 켄트(KENT)
爱喜 Àixǐ 에쎄(ESSE)
阿里郎 Ālǐláng 아리랑(Arirang)
中华(中国名烟) Zhōnghuá 중화
红塔山(中国名烟) Hóngtǎshān 홍타산
玉溪(中国名烟) Yùxī 위시

2. 주류

尊尼获加 Zūnníhuòjiā 조니 워커(JOHNNIE WALKER)
绝对伏特加 Juéduìfútèjiā 앱솔루트(ABSOLUT)
杰克丹尼 Jiékèdānní 잭 다니엘스(JACK DANIELS)
马爹利 Mǎdiēlì 마르텔(MARTELL)
人头马 Réntóumǎ 레미 마르탱(REMY MARTIN)
轩尼诗 Xuānníshī 헤네시(HENNESSY)
芝华士 Zhīhuáshì 치바스(CHIVAS)
百龄坛 Bǎilíngtán 발렌타인(BALLANTINE's)
真露 Zhēnlù 참이슬(CHAMISUL)
宝海 Bǎohǎi 보해(BOHAE)
茅台(中国名酒) Máotái 마오타이
五粮液(中国名酒) Wǔliángyè 우량예
水井坊(中国名酒) Shuǐjǐngfáng 수이징팡(수정방)

시계

爱马仕 Àimǎshì 에르메스(HERMES)
安普里奥 阿玛尼 Ānpǔlǐào · Āmǎní
  엠프리오 아르마니(EMPORIO ARMANI)
博柏利 Bóbǎilì 버버리(BURBERRY)
芬迪 Fēndí 펜디(FENDI)
古驰 Gǔqí 구찌(GUCCI)
卡西欧 Kǎxī'ōu 카시오(CASIO)
寇驰 Kòuchí 코치(COACH)
劳力士 Láolìshì 로렉스(ROLEX)
雷达 Léidá 라도(RADO)
欧米茄 Ōumǐjiā 오메가(OMEGA)
斯沃琪 Sīwòqí 스와치(SWATCH)